미래의 한류

미래의 한류

초판 1쇄 발행 · 2015년 9월 7일

글 · 박장순 | 발행인 · 김윤태 | 발행처 · 도서출판 선 | 북디자인 · 전순미 | 편집교정 · 김창현

출판등록일 · 1995년 3월 27일 | 등록번호 · 제15–201호

주소 · 서울시 종로구 삼일대로 30길 21 종로오피스텔 1218호

전화 · (02) 762–3335 | 팩스 · (02) 762–3371

ISBN 978–89–6312–545–9 03680

※ 책값은 뒤표지에 있습니다.

※ "이 책은 2015학년도 홍익대학교 학술연구진흥비 지원을 받아 출간된 연구물입니다"

한류밈의 사단칠정론적 확장성을 통해 본

미래의 한류

그가 꿈꾸는 유교적 이상향

박장순 지음

서문

지난 해 8월 초 여름방학이 종반을 향해 달리고 있을 무렵 『한류학개론』의 원고를 탈고하면서 나는 이 '한류' 관련 열 번째 책이 내가 계획한 내 삶의 마지막 과제라고 생각했다. 그러면서 이제부터는 내게 주어진 삶, '나에게 자유를 선물하리라'고 마음먹었다. 마치 내가 내 운명의 주인인 것처럼 말이다.

선출판사에 『한류학개론』의 파일을 넘겨드리고, 홀가분한 마음으로 서가에 꽂힌 책들을 살펴보고 있었다. 그런데 문득 묵향 가득한 굵직한 흘림체의 『사서삼경』이 눈에 확 들어왔다. 움직임 없이 항상 그 곳에 꽂혀 있던 책이다. 그런 그 책이 그날, 내 마음을 사로잡은 이유는 무엇일까? 한 뼘은 넉히 됨직한 위압적인 책의 두께마저도 여유로움으로 다가왔다. "그래, 남은 방학 기간 동안 이 책이나 읽자."

나의 유교 경전읽기는 이렇게 우연한 기회에 시작된다. 그러나 얼마 지나지 않아 나는 뜻밖의 사실과 조우하게 된다. 성리학, 그 가운데서도 사단칠정론四端七情論의 '성'性과 '정'情이 문화진화이론인 미메틱스memetics의 '유전자형' '표현형'과 서로 묘한 유비적 관계를 갖고 있었던 것이다. 이 같은 사실의 발견은 나를 흥분시켰다. 여유로웠던 책 읽기는 전투모드로 급변신한다. 오랫동안 관심 가져왔던 한류 현상의 밈이론적 해석을 유교적 관점에서 재해석할 수도 있겠다는 새로운 가능성을 발견했기 때문이다.

　유전자형과 표현형, 성과 정 사이의 유비적 관계가 사단칠정론의 관점에서 탄력을 잃어가는 한류, 한류밈의 새로운 확장 가능성을 열어줄 수 있지 않을까? 방향성을 상실한 한류가 새롭게 지향해야 할 한류의 미래를 우리의 문화적 근간인 유교적 관점에서 설계해 볼 수 있지 않을까? 『미래의 한류』는 이렇게 우연한 기회에 우연의 산물로 탄생한다.

여기서 나는 두 가지 궁금증을 갖는다. 첫째, 앞에서도 잠시 언급했지만, 서가에 꽂힌 수많은 책들 가운데 왜 하필, 『사서삼경』이었을까? 왜 그때 그것이 내 눈에 들어왔을까? 왜 그것을 읽자고 마음을 먹었을까? 둘째, 『미래의 한류』를 출간하고 나면, 내 삶의 과제는 모두 다 끝이 난 것일까? 정말로 이제부터는 자유를 누려도 되는 것일까? 아직은 잘 모르겠다. 분명한 것은 마치 운명처럼 20여 년 '한류'만을 생각하며 여기까지 왔다는 사실이다.

언제나처럼 탈고를 하고 나면, 나는 속이 텅 빈 껍데기가 된다. 다음에는 그 속에 또, 무엇을 채워주실까? 과연 내 삶의 몫은 어디까지일까?『미래의 한류』다음에 주어질 나의 몫이 궁금해진다. 자유일까, 아니면 또 다른 과제일까? Thank God! It's My Pleasure.

부족한 게 많지만, 이번에도『미래의 한류』출간을 허락해 주신 선출판사 김윤태 대표님께 제일 먼저 감사를 드린다. 그리고 나의 '한류' 열한 번째 책을 기념해 몇몇 제자들이 모여 자그마한 우리만의 출판기념회를 준비하고 있다고 한다. 부끄럽고 쑥스러운 일이지만, 이들의 마음만으로도 나의 가슴은 이미 행복으로 가득하다. 그리고 역사적 기록을 위해 한류사의 티핑포인트가 된 〈질투〉(MBC), 〈사랑이 뭐길래〉(MBC), 〈가을동화〉(KBS), 〈겨울연가〉(KBS), 〈대장금〉(MBC) 등 드라마 다섯 편의 스틸 커트와 대사를 챙겨준 영상대학원 막내 보윤 씨에게도 감사를 전한다. 캡처된 자료는 한류의 사단칠정론적 해석에 꼭 필요한 것으로 그 수를 제한했음을 밝혀둔다. 모두 모두 "고맙습니다."

2015년 8월

저자 박 장 순

목차

서문 5

들어가기 16

제 1 장
진화생물학과 유교의 만남
한류밈과 사단칠정의 유비적 관계 / 023

한류밈meme / 25

▌ 드라마밈은 한류밈 25

▌ 한류밈의 유전자형과 표현형 28

· 유전자형 29

· 표현형 31

사단칠정四端七情 / 33

▌ **사단과 오성五性 33**
- 인仁, 측은지심의 단서[端] 35
- 의義, 수오지심의 단서[端] 37
- 예禮, 사양지심의 단서[端] 38
- 지智, 시비지심의 단서[端] 39
- 신信, 인의예지의 근본 40

▌ **칠정七情 41**
- 희로애구애오욕(喜怒哀懼愛惡欲) 41

마음 / 43

▌ **성性과 정情 45**

▌ **이理와 기氣 47**

▌ **성性과 이理 50**

▌ **정情과 기氣 51**

유전자형과 성性,
표현형과 정情의 유비적 관계 / 54

제 2 장
한류밈의 사단칠정론적 유형 분류와 확장성 /059

밈 유전자형의 사단칠정론적 유형 / 63

▌ 인仁 유전자형[惻隱之心] 63
- 화목 63
- 순수와 순애보 76
- 선량함과 아름다움 88

▌ 예禮 유전자형[辭讓之心] 96
- 노인공경 96
- 도덕 102

▌ 지智 유전자형[是非之心] 108
- 교육 108

밈 표현형의 사단칠정론적 유형 / 115

▌ 인仁 표현형[惻隱之心] 115
- 평민화와 편안함 115
- 미남미녀 배우 126
- 진실, 자연스런 연기 128
- 패션과 유행선도 134
- 아름다운 화면과 이국적 정취 136

▌ 지智 표현형[是非之心] 141

• 정직 141

• 발전된 경제 147

사단칠정론적 유형의 확장성 / 151

▌ 확장의 방향성 155

제 3 장
확장성을 통해 본 미래의 한류 / 159
그가 꿈꾸는 유교적 이상향

한류, 어디까지 왔나? / 165

한류, 그가 만드는 세상은? / 183

한류, 무엇을 준비해야 하나? / 189

나오며―193

참고문헌 194

찾아보기 197

사진 목차

[01] 〈사랑이 뭐길래〉에서 '인' 유전자형 '화목'을 보여 주는 민주적 · 수평적 가정의 박 이사 가족(좌)과 전통적 · 수직적 가정의 이 사장 집안 식구들(우) • 65

[02] 〈겨울연가〉에서 '인' 유전자형 '순수한 사랑'을 엮어가는 준상과 유진; 준상을 기다리는 유진(좌)과 준상을 닮은 민형을 만나는 유진(우) • 79

[03] 〈대장금〉에서 '인' 유전자형 '순애보'를 엮어가는 장금과 정호; 덕구에게 장금의 삼작노리개를 보여 주는 민정호(좌)와 민정호에게 부모의 죽음에 관한 비밀을 이야기하는 장금(우) • 84

[04] 〈사랑이 뭐길래〉에서 '인' 유전자형 '선량함'의 표상 박 이사; 딸 지은의 결혼을 승낙하자고 아내를 설득하는 박 이사(좌), 가족들에게 지은의 결혼을 알리는 박 이사(우) • 91

[05] 〈사랑이 뭐길래〉에서 박 이사와 또 다른 모습의 '인' 유전자형 '선량함'을 보여 주는 대발 아버지 이병호; 아내 순자에게 집을 지어주겠다는 남편 병호(좌), 해산을 앞둔 며느리를 위해 택시를 잡으러 가는 시아버지 병호(우) • 94

[06] 〈가을동화〉에서의 '인' 유전자형 '아름다움'; 백혈병에 걸린 은서를 헌신적으로 사랑하는 준서와 태석 • 97

[07] 〈사랑이 뭐길래〉에서의 '예' 유전자형 '노인공경'; 세 노인을 모시는 박 이사(좌)와 큰아버지께 깍듯이 예를 갖추는 이 사장 집안 사람들(우) • 99

[08] 〈대장금〉에서의 '예' 유전자형 '도덕'; 장금을 교육하는 스승 한 상궁(좌)과 전의감 교육책임자인 신익필(우) • 105

[09] 〈대장금〉에서의 '지' 유전자형 '교육', 교육열; 백본 재배에 성공한 장금(좌)과 마비증상의 원인을 규명하기 위해 자신의 목숨까지도 내놓는 장금(우)의 탐구열 • 112

[10] 〈사랑이 뭐길래〉에서의 '인' 표현형 '평민화'; 사돈이 될지도 모르고 심
애의 마음을 긁어놓은 순자(좌), 공부를 계속하게 해 주지 않으면 결혼
시킬 수 없다는 심애(우) • 118

[11] 〈겨울연가〉(좌)와 〈가을동화〉(우)에서의 '인' 표현형; '미남미녀 배우'
• 129

[12] 〈사랑이 뭐길래〉에서의 '인' 표현형; '진실', '자연스런 연기' • 132

[13] 〈겨울연가〉와 〈가을동화〉에서의 '인' 표현형; '패션'-배용준의 베이지색
롱코트(좌)와 '유행선도'-송혜교의 민낯화장(우) • 135

[14] 〈겨울연가〉의 머플러를 맨 배용준 • 135

[15] 〈질투〉와 〈가을동화〉에서의 '인' 표현형 '아름다운 화면'; 영호와 하경의
긴 포옹(좌), 자전거를 타고 터널을 지나는 은서와 준서(우) • 139

[16] 〈겨울연가〉와 설경의 아름다움 • 140

[17] 〈사랑이 뭐길래〉에서의 '지' 표현형 '정직'; 며느리와 시어머니의 가치
충돌(좌)과 남편과 아내의 가치 충돌(우) • 144

[18] 〈겨울연가〉와 〈가을동화〉에서의 '지' 표현형 '발전된 경제'; 마르시안 스
키장(좌)과 태석 부친의 호텔(우) • 149

표 목차

[01] 국가와 음양의 관계 • 125
[02] '인의예지' 조합 유전자형과 표현형 • 154

그림 목차

[01] 한국의 드라마밈 • 27
[02] 한국 드라마밈의 확장성 • 153
[03] 한류 대동사회, 한류토피아에 이르는 길 • 187

들어가기

한국 대중문화의 전 지구적 확산 현상을 우리는 흔히 '한류' Hallyu라고 한다. 그 중심에 드라마가 있다. 드라마가 중심일 수 있었던 가장 큰 이유 중의 하나는 한국의 드라마밈[1]drama meme 이 가지고 있는 시장 친화적 소구력 때문이다. 드라마가 한류의 메인스트림이라는 사실은 아시아인들이 한류밈을 한국의 드라마밈과 동일시하고 있다는 것 하나만으로도 설명이 가능하다(박장순, 2011: 56~63). 그렇다면 한국의 드라마밈이 가지고

---

1 밈이란 복제될 수 있는 일체의 것을 의미한다. 제1장 '드라마밈은 한류밈' 편 참조.

미래의
한류

있는 시장 친화적 소구력은 어디서 나온 것일까? 『논어』論語 13 장 '자로'子路 편에 보면 우리의 조상이 살던 곳, 즉 동이東夷에 관한 구절이 나온다.

공자께서 구이²에 살려고 하시자〔子欲居九夷〕 어떤 사람이 말하기를 "누추한 곳이니 어떻게 하시렵니까?" 하였다〔或曰陋, 如之何〕. 공자께서 말씀하셨다. "군자들이 살고 있으니 무슨 누추함이 있겠는가?〔子曰君子居之, 何陋之有〕"(이기동, 2012a: 342). 여기서 구이九夷는 바로 동이를 가리킨다. 많은 노력에도 불구하고 자신의 뜻이 실현되지 않자, 공자는 진리를 펴는 일을 중단하고 꿈에 그리던 옛 조상들이 살던 곳 동이로 가고 싶다는 생각이 문득들었다. 거기 사람들은 "인仁하면서도 생명을 좋아하고 천성이 유순하여 도道를 실천하기 쉬우며 그 가운데는 군자들이 죽지 않

---

2 ①현토(玄菟) ②낙랑(樂浪) ③고려(高麗) ④만식(滿飾) ⑤부유(鳧臾) ⑥색가(索家) ⑦동도(東屠) ⑧왜인(倭人) ⑨천비(天鄙)의 총칭이라고도 하고, ①무이(畎夷) ②간이(干夷) ③방이(方夷) ④황이(黃夷) ⑤백이(白夷) ⑥적이(赤夷) ⑦원이(元夷) ⑧풍이(風夷) ⑨양이(陽夷)의 총칭이라고도 하지만, 그저 동이족(東夷族)의 여러 부족이 사는 지방으로 보면 될 것이다(이기동, 2012a: 343).

고 사는 나라도 있다"(ibid. 343;『後漢書』東夷傳).

'인'仁이 실현되는 바로 그 나라가 '동이', 한국의 뿌리다. 이처럼 인仁은 우리 조상의 품성에서 유래했고, 공자에게 동이는 사상의 원류이며 이상향이었다(ibid. 190). 우리가 갖고 있는 동쪽 나라의 이미지는 언어 기호 '한류'韓流의 탄생 과정에서도 발견된다. 중국의 「북경청년보」北京青年報는 "동풍東風도 동점東漸할 때가 있다"는 제하의 기사(1999.11.19)에서 '한류'라는 단어를 처음으로 사용한다. 여기서 '동풍'이란 동쪽 나라 한국에서 불어오는 바람을 뜻한다. 오랜 세월 아시아시장을 지배해왔던 북미, 구라파의 서풍西風과 맞서는 아시아의 바람이다. 중국인들에게 '동풍'은 아시아인들의 자부심과 긍지를 담은 반反서구적 정서의 언어적 표상이다. 한국이 그 동쪽 바람의 주인공이다. '동점'이란 동쪽에서 일어난다는 의미다. 동쪽에 있는 나라 동이의 후손인 한국에서 드라마를 중심으로 새로운 바람이 일어나고 있다는 뜻이다.

이 같은 연원에 비추어 볼 때 한국의 드라마가 유교의 본질인 인仁을 근본으로 한다는 것은 당연한 귀결인지도 모른다.

또 밈운반자vehicle인 한국의 드라마가 '인'仁 밈meme을 실어 날라 동일 유교문화권인 아시아 지역에서 시장 친화적 소구력을 발휘하고 있는 것 또한 자연스러운 일이다. 그런데 이런 드라마가 2010년 이후 한류의 메인스트림 자리를 K-pop에게 넘겨주게 된다(박장순, 2013). 왜 그렇게 되었을까? 그 이유가 무엇일까?

물론, 그 이유는 여러 측면에서 설명될 수 있다.[3] 그러나 근본적인 문제는 드라마 자체에 내재돼 있다.『한류, 신화가 미래다』(2007)의 머리말과『한류학개론』(2014)의 후기에서 저자는 '콘텐츠로 돌아가자'Back to the Contents는 주장을 펼친다. 근본으로 돌아가 드라마 위기의 해법을 찾자는 것이다. 다시 말해 한국의 드라마가 실어 나르는 유교적 가치를 진단하고, 그 결과를 토대로 한국 문화의 뿌리인 유교적 가치의 새로운 확장성을 찾아보자는 것이다. 근본으로부터 새로운 활로를 찾아야 한다고 보기 때문이다.

---

3 저자는 그 이유를 드라마의 생산과 소비, 유통의 환경적 측면에서 규명하고 있다(박장순, 2013: 240~292).

"유교의 성性은 천명天命이다. 성性에 따른 삶은 영원하다."[4] 한류가 신화적 영원성을 확보하기 위해서는 한국의 드라마밈이 유교적 가치인 성性을 복제하고, 널리 확산시켜야 한다. 이것은 필수다. 유교의 이상향인 '대동사회'大同社會는 세계 인류가 성性에 기초한 한국 대중문화와 하나가 되는 세상이다. '만물이 모두 하나가 되는 사회'다(이기동, 2012b: 28).

이 같은 대동사회, 즉 한류토피아Hallyutopia를 위해 『미래의 한류』는 한국의 드라마밈에는 어떤 것들이 있는지, 그 밈들은

---

4 나의 삶이 성에 따라 영위되고 있다면 삶의 주체인 '나'는 나의 육체가 아니라 성이며 천명이다. 이렇게 되면 나는 시간적으로는 단절이 없는 영원한 존재가 되고 공간적으로는 개체로 나뉘지 않는 전체적인 존재가 된다. 그러므로 '나는 남자다', '나는 30세다', '나는 언젠가는 죽을 것이다' 등은 잘못된 말이 된다. 반면 '나는 너이다', '나는 만물이다', '나는 영원하다' 등은 옳은 말이 된다. 이러한 나의 삶에는 개체적인 경쟁에서 나타나는 갈등이 없고, 죽음을 맞이할 수밖에 없는 유한자의 슬픔이 없다. 이와 반대로 나의 삶이 성을 거역하는 형태로 영위되고 있다면 이는 육체적인 요소를 따른 것이므로 삶의 주체인 '나'는 성이 아니라 육체가 된다. 이렇게 되면 나는 시간적으로는 죽음을 맞이할 수밖에 없는 유한한 존재가 되고, 공간적으로는 남과 구별되는 개체적인 존재가 됨으로써 '나는 남자다', '나는 30세다', '나는 언젠가는 죽을 것이다' 등의 말은 모두 옳은 말이 된다. 이러한 나의 삶에는 죽음을 맞이할 수밖에 없는 슬픔과 남과의 경쟁에서 나타나는 갈등이 늘 깔려 있다. 이와 같은 논리에서 보면, 모든 갈등과 슬픔을 극복하는 것은 성에 따라 영위하는 삶에서만 가능하다(이기동, 2012b: 112~113).

어떻게 유형화되는지, 유형화된 밈의 유목들은 사단칠정론四端
七情論의 기본 이데아인 성性, 정情과 어떤 관계를 갖는지, 그들
의 관계는 드라마밈을 유교적 관점에서 재해석할 수 있는 근
거가 될 수 있는지, 근거가 될 수 있다면 드라마밈의 유목들은
사단칠정론의 관점에서 어떻게 재분류될 수 있는지, 재분류의
결과는 밈 유형의 사단칠정론적 확장성을 확인시켜 줄 수 있
는지, 확인시켜 줄 수 있다면 확장의 방향성은 어떻게 설정되
어야 하는지, 그 방향성은 한류의 미래를 어떻게 그려내게 될
것인지 등에 관해 서술한다. 한류밈의 사단칠정론적 확장성을
통해 본 『미래의 한류』, 그가 꿈꾸는 유교적 이상향은 세계 온
인류를 지극히 좋은 '지어지선'止於至善의 상태에 이르게 할 것
이다.

제 1 장

진화생물학과 유교의 만남

한류밈 meme

▌드라마밈은 한류밈

한국의 드라마가 가지고 있는 재미요소를 중국인들은 인지적 측면과 지각적 측면으로 파악한다. 드라마 속의 유교사상, 가족 간의 화목, 노인공경, 어린이 사랑, 경제발전, 전통적인 생활방식 등은 인지적 측면에 해당하고, 배우들의 자연스런 연기, 예쁜 복장, 패션을 선도하는 스타일, 드라마의 시각적 요소로 작용하는 세트와 장치의 세련미 등은 지각적 측면에 해당한다(조양, 2007: 75). 바로 이런 한국 드라마의 재미요소가 아시아인들의 뇌 속에 복제, 저장되어 있는 한국 드라마의 밈이다. 이들 밈의 복제, 확산을 통해 한류 현상은 나타난다.

중국의 한 언론은 "평민화, 진실, 정직, 유행선도, 선량함, 화목, 편안함, 아름다움" 등 또 다른 언어로 한류의 매력 8가지를 꼽는다. 그런데 재미있는 것은 이들 한류의 매력이 모두 한국 드라마의 매력, 즉 한국 드라마의 밈이라는 사실이다. 결국, 이는 아시아인들이 한국의 드라마밈을 한류밈과 동일시하고 있음을 보여 주는 근거가 된다.

'평민화'는 한국의 드라마가 '현실 속 보통 사람들과 그들의 삶을 다루고 있음'을 뜻한다. '할아버지, 할머니, 손자 할 것 없이 현실 속의 우리 가족 모두가 드라마 속에 나와 생활한다'고 중국인들은 인식한다. '진실'은 한국 드라마가 '거짓 없는 연기'를 보여 주고 있음을 뜻한다. '보통 사람들의 생활을 떠난 이야기는 공허하고, 사람들과의 공감을 얻을 수 없다'고 그들은 인식한다. '정직'은 한국 드라마가 '생활 속의 윤리와 정신을 어렵고 고상하게 말하려 하지 않고, 쉽고 바르게 보여 주고, 보통 사람들의 선량함과 미덕을 생생하게 표현하고 있음'을 뜻한다. '유행선도'는 한국 드라마가 '그들의 눈과 귀를 자극해 중국의 변화를 이끄는 요소로 작동하고 있음'을 뜻한다.

'아름다움'은 '인간문화의 기본'이다. 중국인들은 한국의 드

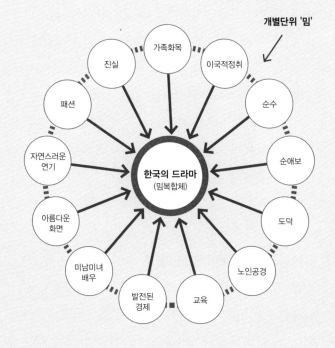

개별단위 '밈'

한국의 드라마
(밈복합체)

가족화목
진실
이국적정취
패션
순수
자연스러운
연기
순애보
아름다운
화면
도덕
미남미녀
배우
노인공경
발전된
경제
교육

[그림 01] 한국의 드라마밈

라마가 '가장 기본적인 인간의 주제 창작의 고통을 첨가하여 영원한 청춘과 사랑을 만들어낸다'고 본다. 그들은 또, 한국 드라마가 '선량함'을 간직하고 있다고 본다. '아름답고 재미있는 이야기 안에 정직, 도덕, 선량함이 시종일관 간직되어 있다'고 본다. 중국인들이 한국 드라마를 즐기는 또 다른 이유는 '편안함'과 '화목'이다. '편안함'은 한국 드라마가 '골치 아픈 주제를 사양하고, 가볍고 재치 있는 말투로 극을 진행해가고 있음'을 뜻한다. 한국 드라마가 보여 주는 가족 간의 '화목' 또한, 그들에게는 중요한 가치이자, 덕목이다(고뉴스, 2005.10.27).

▌한류밈의 유전자형과 표현형

밈 유전자형genotype은 'i-문화'instruction, 즉 신경계에 담겨진 문화적 설명서의 세트다(McGrath, 2007: 121). 뇌 속에 살고 있는 것이다(Dawkins, 1982). 사람의 뇌 속에 있는 정보, 설명서다(Cloak, 1975). 밈 표현형phenotype은 'm-문화'material, 즉 뇌 속에 있는 유전자형의 겉으로 드러난 모습이다. 사람의 행동, 테크놀로지, 사회적 유기체의 모습이다(Cloak, 1975). 말, 음악, 시각적 이미지, 옷의 스타일, 얼굴 또는 손으로 하는 제스처, 박새가 우유병을 따르거나, 일본의 짧은꼬리원숭이가 밀을 가려내는 것 같은 기술의 형태, 즉 밖으로 드러나고, 볼 수 있고, 들을 수 있는 뇌 속에 있는 밈 유전자형의 겉으로 드러난 결과를 가리킨다(Dawkins, 1982: 109).

아시아인들이 '한류, 한국 드라마' 하면 떠올리는 밈은 대략 19개 정도다. "가족 간의 화목, 이국적 정취, 순수, 순애보, 도덕, 노인공경, 교육, 발전된 경제, 미남미녀 배우, 아름다운 화면, 자연스런 연기, 패션, 진실, 평민화, 정직, 유행선도, 선량함, 편안함, 아름다움" 등이 그것이다. 이 밈들을 유형별로 범주화하면 유전자형 8개, 표현형 11개로 나누어진다. 다시 말해 중국인들이 보는 한국 드라마의 인지적 재미요소는 밈 유전자형으로, 지각적 재미요소는 밈 표현형으로 유형화가 가능하다.

유전자형

한국 드라마의 밈 유전자형이란 우리 민족의 천명[性]을 전달해 주는 밈 복제자다. 수천 년 동안 우리 민족의 뇌에서 뇌로, 세대와 세대를 거치며 끊임없이 복제되어 온 우리 민족의 문화적 DNA다. 중국인들이 파악하고 있는 "가족 간의 화목, 순수, 순애보, 도덕, 노인공경, 교육, 선량함, 아름다움" 등이 이에 속한다. 저우이이周宜─는 '한극유행인소적사허사고'韓劇流行因素的些許思考에서 "한국 드라마는 유교사상을 배경으로 '용서와 화해, 관용과 아름다움 추구, 장유유서, 효도와 우애, 부부 간의 윤리, 자식의 도리, 부모에 대한 효경' 등을 보여 주고 있다"고 기술한다. "한국 드라마에는 유교사상이 잘 발현되어 있어서 올바른 도덕 정신과 행위가 삶의 진정한 가치이며, 이것이 인류 최고의 선이라는 느낌을 강하게 받게 한다. 중국은 변혁이란 진통을 겪으면서 지난 20세기 100년 동안 구舊 전통을 탈피하고 현대화를 표방하는 전통에 반反하는 노선을 걸어 왔다. 여기서 일상 중의 유교 규범이나 척도는 이미 약화되거나 아니면 거의 사라져 버렸다. 반면, 한국은 유학의 숭배자로서 서방문화를 접수하면서 생긴 모순을 공자의 '화이부동'和而不同 사상으로 극복하고 서방문화의 개인지상주의와 황금만능주의라는 메마른 인정의 폐단을 지양하는 한편, 유가의 경업敬業과 이타정신利他精神을 대대적으로 창도함으로써 안정되고 평화로운 가정과 도덕적 기풍이 충만한 아름다운 사회를 만들어냈다. 한국 드라마는 이런 배경에서 용서와 관용과 아름다움을 추구하고, 장유長幼 간의 질서, 부모형제간의 효도와 우애, 부부간의 윤리, 자식의 도리, 부모에 대한 젊은이들의 효경孝敬, 친구 간 신의를 바탕으로 한 성실한 관계, 그리고 가정에 대한 깊은 애정을 묘사한다(경상대학교 인문학연구소, 2007: 158~159)." 저우이이의 이 같은 한국 드라마에 관한 서술은 한국 드라마의 밈 유전자형이 아시아시장에서 한국 대중문화의 확산에 어떻게 기여해 왔는지를 보여 주고 있다.

표현형

한국 드라마의 밈 표현형이란 우리 민족의 유전적 본성을 겉으로 드러내 보여 주는 밈이다. 아시아인들이 닮고 싶어 하는 미래지향적인 밈이기도 하다. 공산주의 체제하에서 한번도 접해 보지 못한 현실 속 평범한 보통 사람들의 이야기를 뜻하는 '평민화'를 비롯해 '편안함, 미남미녀 배우, 진실, 자연스런 연기, 패션과 유행선도, 아름다운 화면과 이국적 정취, 정직, 발전된 경제' 등이 이에 속한다. 밈 표현형은 아시아인들의 뇌속에 저장되어 있는 또 다른 한국 드라마의 밈 유전자형이다.

겉으로 드러내 보여 줄 수 있다는 것은 이미 그 사람의 뇌 속에 그 정보가 복제, 저장되어 있다는 것을 의미하기 때문이다. 밈 표현형은 아시아인들의 뇌에서 뇌로 복제되면서 그들의 미래를 변화시키는 문화적 가치로 작동한다. 변화된 그들의 미래는 바로, 아시아인들의 뇌 속에 복제, 저장되어 있는 한국 드라마의 밈 유전자형이 겉으로 드러나 현실 속에서 구현된 한국 드라마의 밈 표현형이다. 우리가 굳이 밈 유전자형과 밈 표현형을 구분하지 않아도 되는 이유가 여기에 있다.

사단칠정 四端七情 ┃┃┃┃┃┃┃┃┃┃┃┃┃┃┃┃┃┃┃┃┃┃┃┃┃┃┃┃┃┃┃┃

┃ 사단과 오성五性

단端이란 실마리(端緖)다. 내면에 그런 것이 있기 때문에 그 실마리가 바깥으로 나오게 된다. 내면에 '인의예지'가 없다면 어떻게 사단四端이 나올 수 있겠는가? 성性 가운데 인仁이 있다. 이것이 움직여 바깥으로 나올 때 측은惻隱이 된다. 성 가운데 의義가 있다. 이것이 움직여 바깥으로 나올 때 수오羞惡가 된다. 성 가운데 예禮와 지智가 있다. 이것이 움직여 바깥으로 나올 때 사양辭讓과 시비是非가 된다(陳淳. 2005: 69). 인은 사랑하는 이치, 의는 마땅케 하는 이치, 예는 공경하는 이치, 지혜는 앎의 이치다〔仁是愛之理, 義是宜之理, 禮是敬之理, 智是知之理〕. 바깥으로 나타나는 사랑은 '인'의 용用이나 사랑의 이치는 내재적인 것이며〔愛發見於外, 乃仁之用; 而愛之理, 則在內〕, 사물에 마땅케 하는 것은 '의'의 용이나 마땅케 하는 이치는 내재적인 것이며〔事物各得基宜, 乃義之用; 而宜之理, 則在內〕, 밖으로 나타나는 공경恭敬은 '예'의 용이나 공경의 이치는 내재적인 것이며〔恭敬可見處, 乃禮之用; 而敬之理, 則在內〕, 시비是非를 아는 것은 '지'의 용이나 알 수 있는 이치는 내재적이다〔知箇是知箇非是, 智之用; 而知之理, 則在內〕(ibid. 83~84).

한유[1]韓愈는 '인의예지'에 '신'信을 더한 다섯 가지를 사람의 오성五性으로 본다. 성은 믿음이다〔性只是信〕. 믿음〔信〕이란 성에 있어서 인의예지 네 가지를 모두 진실하게 해 주는 도리이다〔信在性, 只是四者都實底道理〕(ibid. 90). 이런 성 상호간의 관계는 오성 전반에 걸쳐 나타난다. 예를 들어, 인의예지신 가운데 '인'〔有仁義禮智信中之仁〕이, 인의예지신 가운데 '의'〔有仁義禮智信中之義〕가, 인의예지신 가운데 '예'〔有仁義禮智信中之禮〕가, 인의

---

1 중국 당나라를 대표하는 문장가, 사상가. 당송 8대가의 한 사람. 자는 퇴지(退之), 호는 창려(昌黎), 시호는 문공(文公)이다.

예지신 가운데 '지'〔有仁義禮智信中之智〕가, 인의예지신 가운데 '신'〔有仁義禮智信中之信〕이 있기도 하고, '인' 가운데 인의예지신〔有仁中之仁義禮智信〕이, '의' 가운데 인의예지신〔有義中之仁義禮智信〕이, '예' 가운데 인의예지신〔有禮中之仁義禮智信〕이, '지' 가운데 인의예지신〔有智中之仁義禮智信〕이, '신' 가운데 인의예지신이 있기도 하다〔有信中之仁義禮智信〕(ibid. 98).

인仁, 측은지심의 단서[端]

'인仁'이란 만물일체萬物一體를 실천하는 것이다. 남과 나를 구별하지 않고 남을 나처럼 여기는 마음의 상태이다. 인人과 이二의 합체어인 '인仁'이라는 글자에서도 '두 사람이 하나가 된다'는 뜻을 찾아낼 수 있다(이기동, 2012a: 51~52). '인'은 남을 자기처럼 아끼고 사랑하는 마음이다(ibid. 595). 인은 사랑의 뿌리요, 측은은 그 뿌리에서 돋아난 싹이요, 사랑은 또한 싹이 무성하게 뻗어서 이미 성장한 것이다〔仁乃是愛之根, 而測隱則根之萌芽, 而愛又萌芽之長茂已成者也〕(陳淳, 2005: 85). '측은지심惻隱之心'은 타자의 고통에 대해 안타까워하고 아파하는 마음으로 '인'이 나타난 것이다(최영진, 2012: 63). 천명天命을 실천한다는 것은

'나'와 '남', 주체와 대상 간의 구별이 없는 마음을 실천하는 것이다. 이것이 '인仁에 돈독하게 되는 것'이다. '인'에 돈독해지면 주체와 대상의 구별이 없으니, 남을 나처럼 사랑하게 된다. 이것이 가장 높은 수준의 사랑이다(이기동, 2010: 869).

'인'은 많은 '선'善의 으뜸으로서 마음의 전덕全德을 대표한다〔然仁所以長衆善, 而專一心之全德者〕(陳淳, 2005: 84). '전덕'으로 네 가지를 총괄하는 것이기에, 의예지義禮智는 '인'이 없이는 성립될 수 없다〔仁者, 心之全德, 兼統四者; 義禮智, 無仁不得〕. 네 가지를 모두 통솔하니, '의예지'는 모두 '인'이다〔知仁兼統四者, 義禮智都是仁〕(ibid. 92~94). 어버이를 사랑하는 것은 '인'이다〔親親, 仁也〕. 어버이를 진실로 사랑하는 마음은 '인'의 '인'이다〔所以愛親之誠, 則仁之仁也〕. 어버이에게 간언하는 바는 '인'의 '의'〔所以諫乎親, 則仁之義也〕, 어버이의 잠자리를 살피고 문안을 드리는 절문2節文은 '인'의 '예'〔所以溫淸定省之節文, 則仁之禮也〕, 양지良知로써 이와 같은 사랑을 아는 것은 '인'의 '지'〔自良知無不知是愛, 則仁之智

---

2 절(節)은 지나침이 없는 것이며, 문(文)은 미치지 못함이 없는 것이다. 절문은 너무 지나침도 없고, 또 너무 미치지 못함도 없는 당연히 그렇게 해야 할 도리이다(陳淳, 2005: 86~87).

也), 어버이를 섬기는 진실이 되는 바는 '인'의 '신'이다(所以爲事親之實, 則仁之信也)(ibid. 97).

의義, 수오지심의 단서[端]

마음으로 논하면 '의'義란 마음의 재제와 결단을 하는 곳이다(義就心上論, 則是裁制決斷處). '마땅하다'〔宜, 의〕라는 것은 재제와 결단을 가한 뒤에 있는 일이다(宜者, 乃裁斷後字, 裁斷當理然後得宜). 만일 가부를 결정짓지 못한다면, 이는 마음에 명석한 '의'가 없기 때문이다(若可否都不能剖判, 便是此心頑鈍無義了)(ibid. 85~86). '의'는 '인'을 실천하는 구체적인 방법이다(이기동, 2012a: 119). 현실은 복잡다단하여 인을 실천하지 못하게 하는 상황이 많이 발생하게 되고, 그 때문에 여러 가지 갈등이 나타난다. 이런 갈등을 해소하는 구체적인 행동원리가 의義다(이기동, 2013: 25). 수오지심羞惡之心은 자신의 잘못을 부끄러워하고, 불의에 대해 분노하는 마음으로 의義가 나타난 것이다(최영진, 2012: 63). 형兄을 뒤따르는 것은 '의'다(從兄, 義也). 형을 사랑하는 진심은 '의'의 '인'이다(所以爲愛兄之誠, 則義之仁也). 항상 변함없이 공경하는 바가 형에게 있음은 '의'의 '의'(所以庸敬在兄, 則

義之義也〕, 어른의 뒤를 따라 서서히 가는 절문節文은 '의'의 '예' 〔所以徐行後長之節文, 則義之禮也〕, 양지良知로써 이와 같은 공경을 아는 것은 '의'의 '지'〔自良知無不知是敬, 則義之智也〕, 형을 따르는 진실이 되는 바는 '의'의 '신'이다〔所以爲從兄之實, 則義之信也〕(陳淳, 2005: 97~98).

예禮, 사양지심의 단서[端]

마음속에 공경하는 마음이 뭉클거리며 바깥으로 나오는 것이 '예'다〔心中有箇敬, 油然自生, 便是禮〕. '예'禮는 공경하는 마음이요, 천리天理의 절문節文이다〔禮者, 心之敬而天理之節文也〕. '예'란 하늘의 뜻이 드러난 모습이다. 요왈편堯曰篇 3장의 "不知禮, 無以立也"는 예를 알지 못하면 사람 구실을 제대로 할 수 없다는 말로 이해된다(이기동, 2012a: 86~87). 예는 형식이 중요하지만, 그것은 어디까지나 본질이 실천됨으로써 나타난 형식일 때 의미가 있다(ibid. 124). 사치스러운 것은 예의 형식에만 신경 쓰고 본질을 경시한 결과이고, 검소한 것은 예의 형식을 경시하고 본질을 중시한 것이다(ibid. 329). 사양지심辭讓之心은 양보하고 남을 배려하는 마음으로, '예'가 나타난 것이다(최영진, 2012:

63~64). 손님에게 공경하는 것은 '예'다〔敬賓, 禮也〕. 그 가운데 정성과 사랑으로 하는 바는 '예'의 '인'이다〔所以懇惻於中, 則禮之仁也〕. 마땅케 대접하는 바는 '예'의 '의'〔所以接待之宜, 則禮之義也〕, 주선하는 절문은 '예'의 '예'〔所以周旋之節文, 則禮之禮也〕, 어지럽지 않게 술잔을 주고받는 것은 '예'의 '지'〔所以酬酢而不亂, 則禮之智也〕, 손님을 공경하는 진실이 되는 바는 '예'의 '신'이다〔所以爲敬賓之實, 則禮之信也〕(陳淳, 2005: 97~98).

지智, 시비지심의 단서[端]

시시비비를 알아서 확고히 정하는 것이 '지'다〔知得是是非非, 恁地確定, 是智〕. '지'智는 마음에 하나의 지각이 있는 곳〔處〕이다〔智, 是心中一箇知覺處〕(ibid. 88). 시비지심是非之心은 선악을 판단하는 마음으로, '지'智가 나타난 것이다(최영진, 2012: 64). 사물을 밝게 살피는 것은 '지'다〔察物, 智也〕. 시시비비를 간절히 하고, 측은스럽게 생각하는 것은 '지'의 '인'이다〔是是非非之懇惻, 則智之仁也〕. 시시비비를 마땅케 하는 것은 '지'의 '의'〔是是非非之得宜, 則智之義也〕, 시시비비의 중절中節은 '지'의 '예'〔是是非非之中節, 則智之禮也〕, 시시비비를 일정케 하는 것은 '지'의 '지'〔是是非

非之一定, 則智之智也〕, 시시비비의 실상이 되는 바는 '지'의 '신'이다〔所以爲是非之實, 則智之信也〕(陳淳, 2005 : 97~98).

신信, 인의예지의 근본

사람의 성性에는 '인의예지' 네 가지가 있을 뿐, 신信의 자리는 없다〔人性中只有仁義禮智四位, 却無信位〕. 그러나 인의예지에 '신'이 없으면 모두가 진실할 수 없다〔獨仁義禮智無信, 便都不實了〕(ibid. 82~83). 신信은 사람〔人〕과 말〔言〕이 합쳐진 사람의 말을 믿는 성선설적인 입장의 단어다(이기동, 2012a : 131). 처음부터 끝까지 모두 진실하게 하는 것은 '신'이다〔從首至末, 皆眞實, 是信〕(陳淳, 2005 : 91~92). 말을 실천하는 것은 믿음이다〔復斯言也〕. 천리의 공정함을 따르는 것은 '신'의 '인'이다〔由乎天里之公, 則信之仁也〕. 모두 천리에 맞게 말하는 것은 '신'의 '의'〔發而皆天理之義, 則信之義也〕, 말을 하되 절도에 맞는 것은 '신'의 '예'〔出而中節, 則信之禮也〕, 조리가 있어 어지럽지 않은 것은 '신'의 '지'〔所以有條而不紊, 則信之智也〕, 이 말의 진실이 되는 바는 '신'의 '신'이다〔所以爲是言之實, 則信之信也〕(ibid. 97~98).

▌ 칠정七情

희로애구애오욕喜怒哀懼愛惡欲

마음의 이면에서 발산되지 않은 것은 '성'이며, 사물의 감촉으로 인하여 발산되어 바깥으로 나오는 것은 '정'이다〔在心裏面, 未發動底, 是性; 事物觸著, 便發動出來, 是情〕. 고요하여 움직임이 없는 것은 '성'이요, 감동으로써 마침내 통하는 것은 '정'이다〔"寂然不動" 是性; "感而遂通" 是情〕. '정'과 '성'은 상대되는 것으로, '정'은 '성'이 동한 것이다〔情與性相對, 情者, 性之動也〕. 동하여 발산되는 것은 '성'에서 나온 것일 뿐, 또 다른 물건은 아니다〔這動底, 只是就性中發出來, 不是別物〕. '정'의 큰 조목으로는 '기쁨, 성냄, 슬픔, 두려움, 사랑, 증오, 욕구' 등 일곱 가지[3]인데〔其大目則爲喜怒哀懼愛惡欲七者〕, 『중용』에서는 '기쁨, 성냄, 슬픔, 즐거움' 등 네 가지만을 말하였고〔中庸只言"喜怒哀樂"四箇〕, 『맹자』 또한 '측은 · 수오 · 사손(양) · 시비' 사단을 말하였을 뿐이니, 이 모두가 정을 말한다〔孟子又指"惻隱 · 羞惡 · 辭遜 · 是非 四端"而言, 大抵都

---

3 칠정(七情). 『예기』(禮記), '예운'(禮運) 편에 나온다. 희로애구애오욕(喜怒哀懼愛惡欲) 일곱 가지는 배우지 않아도 능한 것이다(최영진, 2012: 62~64).

是情〕(ibid. 69~70). 맹자가 말한 사단은 오로지 선한 부분으로 말하며, 『중용』의 희로애락과 칠정 등은 선악을 합해서 말한 것이다〔孟子四端, 是專就善處言之: 喜怒哀樂及情等, 是合善惡說〕. 『악기』樂記는 "사람이 태어나 고요한 것은 하늘의 본성이며, 사물에 감촉되어 움직인 것은 성의 욕구다"라고 하니, '성'의 욕구가 바로 '정'이다〔樂記曰 "人生而靜, 天之性也; 感於物而動, 性之欲也." 性之欲, 便是情〕(ibid. 72).

마음

　　사람은 천지의 이치를 얻어 '성'을 삼고, 천지의 기운을 얻어 몸을 형성케 된다〔大抵人得天地之理爲性, 得天地之氣爲體〕. 이에 이치와 기운이 합하여 마음이 형성됨에 따라 하나의 허령지각虛靈知覺을 소유하게 됨으로써 곧 몸을 주재하게 된다〔理與氣合, 方性箇心有箇虛靈知覺, 便是身之所以爲主宰處〕. 마음은 한 몸의 주재다〔心爲一身主宰〕(陳淳, 2005: 60). 이를 주자朱子는 "성이란 마음의 이치이며, 정이란 마음의 용用이며, 마음이란 성과 정의 주인"〔性者, 心之理; 情者, 心之用; 心者, 情性之主〕이라고 한다(ibid. 66~67). '감흥시'感興詩에서 주자는 "마음은 오묘하여 헤아릴 수 없고, 출입에 기기氣機를 탄다"〔人心妙不測, 出入乘氣機〕고 했다.

성은 이치이므로 선하여 악이 없으나, 마음은 이치와 기운을 포함하고 있다. 이치는 모두 선한 것이지만, 기운은 두 가지를 포함하므로 온전히 선하다고만은 할 수 없다. 때문에 움직임에 있어서 쉽사리 불선不善한 곳으로 나아가게 된다. 기氣에 편승하여 움직이기 때문이다(ibid. 63).

마음의 구조를 보면, 마음의 밑바닥에는 '성'이 있고, 마음 속에는 성에서 나온 '정'으로 채워져 있다. 성이 나타난 것이 정이고, 정이 나타나기 전의 상태가 성이다. 샘에 비유하면 샘은 마음이고, 지하수는 성이며, 샘물은 정에 해당한다고 할 수 있다. 샘에 진흙이나 모래가 섞여 있어 샘물을 흐리게도 하는 것처럼 마음 자체에 생각하고, 헤아리고, 분별하는 기능이 있어서 성이 정으로 될 때 영향력을 행사한다. 성이 정으로 나타나는 순간 이기적인 생각을 하면 이기적인 정이 되고, 간사한 생각을 하면 간사한 정이 되는 것이다(이기동. 2012a: 82).

성은 마음속에 존재하면서 그 근원을 이루고 있고, 마음은 육체에 붙어 있으면서 육체를 조종하는 기능을 가지고 있다. 마음에는 성 외에 성이 발휘되어 이루어진 정이 있고, 또 성에서 정으로 이행하는 과정을 조절하는 '생각하는 기능'[思慮], '분별하는 기능'[分別], '계산하고 비교하는 기능'[計較], '헤아리는 기능'(商量), '외물을 인지하고 깨닫는 기능'(知覺) 등이 있다. 인간의 성은 누구에게나 동일한 것이기 때문에 정으로 되는 과정에서 조절기능이 작용하지 않으면 인간의 정은 모두 똑같을 수밖에 없다. 그런데 이 마음의 조절기능은 육체가 갖고 있는 감각기관의 감각작용을 바탕으로 생겨나는 것이기 때문에 육체적 조건과 감각기관의 능력이 각각 다른 만큼 이 기능에 의해 조절을 받고 나타나는 인간의 정도 다양할 수밖에 없다(이기동, 2012b: 111).

▌ 성性과 정情

성性은 마음(忄=心)과 삶(生)이 결합된 뜻글자다. '성'性 자를 '생'生 자변에 '심'心 자를 덧붙여 쓴 것은 사람이 태어나면서부터 이 이치를 마음에 갖추고 있기에 이를 성性이라고 이름하는 것이다(陳淳, 2005: 48). 성은 나의 육체에 내재하여 나의 삶을 유지해 가고 있다는 점에서 보면 개체적이지만, 다른 생명체에 존재하는 성과 동일하다는 점에서 보면 전체적이다. 이런 양면성 중에서 개체적인 면을 성이라고 하면, 전체적인 면을 표현하는 또 하나의 용어가 필요한데 그것이 천명天命이다(이기동, 2012b: 109).

『중용』中庸 제1장은 하늘이 명하는 것을 성이라고 규정하고〔天命之謂性〕, 정자程子는 하늘이 부여한 바를 '명'命이라 하고, 사람이 이를 받은 바를 '성'性이라고 한다〔天所付爲命, 人所受爲性〕(陳淳, 2005: 48~49). 마음은 그릇과 같고, 그 안에 담겨진 물건이 곧 성이다〔心, 只似箇器一般; 裏面貯底物, 便是性〕. 소강절[4]邵康節은 "마음은 성의 성곽"이라 하였다. 성곽은 마음이며, 성곽의 가운데에 수많은 사람들이 살고 있는 것은 곧 마음속에 갖춰진 이치와 같다. 그 속에 갖춰진 이치가 곧 성이요, 갖춰진 그것은 마음의 본체이다(ibid. 61). 정은 마음의 작용이다. 마음의 이면에서 '고요하여 움직임이 없는 것'〔寂然不動〕은 성이요, '감동으로써 마침내 통하는 것'〔感而遂通〕은 정이다(ibid. 69).

---

4 중국 송대(宋代)의 유학자(儒學者). 이름은 옹(雍), 자는 요부(堯夫). 강절은 그의 시호이다.

▌ 이理와 기氣

주자朱子는 세계를 운동하고 변화하는 현상계(氣)와 그 형이
상학적 근거가 되는 원리의 세계(理)라는 이중구조로 파악했다
(최영진, 2012: 51). 성리학의 핵심 이론인 이理와 기氣는 사실fact
과 가치value 두 가지 측면에서 설명할 수 있다. 사실의 측면에
서 보면 '이'는 자연과 인간의 마음을 포함해 모든 사물을 존
재하게 하고, 그 존재 양상을 규제하는 형이상학적 근거이다.
그리고 우리가 흔히 "자연계는 자연법칙의 지배를 받는다"라
고 말하듯이 '이'는 사물들이 조화를 이루고 질서 있게 운동하
도록 통제하는 법칙이다. '기'는 사물들을 실질적으로 구성하
는 질료이며 운동에너지이다. 즉, 현실세계를 구성하고 운동,
변화하는 모든 것은 '기'이며, 그 존재 원리와 운동법칙이 '이'
인 것이다. 가치의 측면에서 보면 '이'는 모든 가치의 근거가
되는 절대선이며 인간이 마땅히 지켜야 할 당위의 도덕법칙인
반면에 '기'는 무수하게 차이가 있는 상대적인 가치를 갖는다.
이를 도식화 하면 '이理=절대적 가치', '기氣=상대적 가치'가
된다(ibid. 52~53).

주자朱子는 '현실적으로 존재하는 모든 것은 이理와 기氣로 이

루어진다'는 점을 토대로 설명한다. '성'은 '이'와 '기'의 합인 마음의 본체이기 때문에 어떤 방식으로든 '기'와 연계되어야 한다. 그는 일단 '이'가 '기'와 결합해야만 현실적인 사물의 본성이 된다고 보았다. 그런데 '이'와 '기'가 결합하면, '기'의 맑고 탁한 정도에 따라 그 선함이 구현될 수도 있고, 가려질 수도 있다. 99퍼센트 맑은 '기'와 결합하면 '이'의 선함이 99퍼센트 발휘된다. 아주 탁한 경우에는 '이'의 선함이 거의 발휘될 수 없다. 이와 같이 현실적으로 '기'에 의해 한정을 받는 '이'를 '기질지성'氣質之性이라고 부른다. 기질지성은 기질의 '청탁수박'淸濁粹駁에 따라 천차만별의 가치를 갖는다.

한편 기질과 결합되었다고 해도 그 '이'의 선함이 손상되는 것은 아니다. 그 '이'를 논리적으로 '기'와 분리시켜 '이'만 가리키는 것을 '본연지성'本然之性이라고 부른다. 본연지성은 절대선이다. 맹자가 말한 '성선'性善의 성이 바로 본연지성이라고 주자는 말한다. '이'와 '기'의 관계성을 대입시키면 기질지성은 '이'와 '기'가 '분리되지 않음'에 해당하며, 본연지성은 '섞이지 않음'에 해당한다(ibid. 57~58).

이처럼 '이'와 '기'는 서로 '분리되지 않으면서 동시에 섞이지도 않는 관계'〔不離而不雜〕에 있다. '분리되지 않음'이란 '이'

와 '기'가 시공간적으로 분리되지 않는다는 것이다. '섞이지 않음'이란 '이'와 '기'가 형이상과 형이하, 그리고 절대적 가치와 상대적 가치라는 각각의 독자적 영역을 갖는다는 것이다. 보다 엄밀히 말한다면, '기'의 상대적 가치가 '이'의 순수한 절대적 가치를 침해하지 않는다는 뜻을 내포한다. 이와 같이 '이'와 '기'는 상호의존적인 동시존재의 관계를 갖는 한편으로 형이상과 형이하, 절대적 가치와 상대적 가치라는 차등적 관계를 갖는다. 전자를 "'이'와 '기'는 선후가 없다"〔理氣無先後〕라고 하며, 후자를 "'이'가 먼저이고, '기'가 뒤이다"〔理先氣後〕라고 표현한다. '이선기후'는 물론 시간상의 선후를 말하는 것이 아니다. 이것은 근거를 주는 자와 근거를 받는 자와의 관계라는 형이상학적 관념을 선후라는 시간적 개념으로 표현한 것이다.

또한 윤리적으로 말한다면, 사실적 존재에 대한 가치의 우선이라는 의미에서의 선후라고 할 수 있다. 즉, '이'와 '기'는 형이상학적 측면, 혹은 가치의 측면에서 불평등한 차등 관계를 갖는다(ibid. 55~56).

▌ 성性과 이理

성이란 곧 이치다(性, 則理也). 그러나 왜 이치(理)라 말하지 않고, 성이라고 했을까? 이치란 범칭汎稱으로서, 천지 사이에 존재하는 인간과 만물의 공공적인 것을 말한다. 그러나 성이란 나에게만 있는 이치다(盖理, 是泛言, 天地間人物公共之理: 性, 是在我之理). 하늘에서 받은 것으로 나의 소유다(只這道理受於天而爲我所有). 그러므로 이를 성이라고 한다(故謂之性)(陳淳, 2005: 48). 주자朱子는 『중용』中庸 1장의 "하늘이 명령해 부여해 준 것을 성이라고 한다"(天命之謂性)라는 구절을 해석하는 자리에서 "성이곧 이"(性則理)라고 정의한다(최영진, 2012: 56~57). 주자는 이 명제를 토대로 성선설의 형이상학적 근거를 확립한다. 인간의 성은 '천리'天理로서 순수하고 절대적인 선 그 자체라고 본 것이다(ibid. 49).

맹자는 "인간의 본성을 알면 하늘의 속성을 알 수 있다"고 했다. 인간의 본성과 하늘의 속성은 일치한다는 것이다. 그러므로 "성은 인간에게 내재된 천도天道다"라고 말하기도 한다. 여기에서 하늘 곧 천天은 지극히 고귀하고 아름다우며 모든 선악의 기준이 되는 절대자이다. 인간의 본성은 하늘처럼 고귀

하고 아름답고 선한 절대가치를 갖는다는 것이다. 천과 성을 이기론으로 정의하면 '하늘은 이理다' '성이 곧 이理다'라는 명제가 성립한다. '이'理는 바로 모든 가치의 근거가 되는 절대선이기 때문이다. '성이 곧 이다'〔性則理〕라는 말의 뜻은 인간의 본성은 모든 가치의 근거가 되는 절대선 그 자체라는 것이다(ibid. 57). 따라서 성과 천명은 나눠 볼 수 없다.

한편, 사람이 태어날 때 한낱 이치만을 얻는 것은 아니다〔然人之生, 不成只空得箇理〕. 반드시 형체가 있어야만 이치를 탑재할 수 있고, 또 실제로 이치라는 기운을 벗어날 수 없다〔須有箇形骸, 方載得此理, 其實理不外乎氣〕. 장횡거張橫渠는 천지의 기운을 얻어 형체를 이루고, 천지의 이치를 얻어 성을 이뤘으므로〔得天地之氣, 成這形; 得天地之理, 成這性〕, "천지에 충만한 기운〔塞〕은 몸이 되고, 천지를 주재하는 이치〔帥〕는 성이 된다"〔所以橫渠曰, "天地之塞吾其體, 天地之帥吾其性"〕고 했다(陳淳, 2005: 49~50).

▌정情과 기氣

측은지심惻隱之心, 수오지심羞惡之心, 사양지심辭讓之心, 시비지심是非之心 등 사단四端은 사덕四德[仁義禮智]에서부터 발동해 나온 것이다. 반면에 칠정七情은 발동의 요인이 사물事物에 있다. 사단과 칠정은 다 같이 마음의 작용인 정情이며, 마음은 본래 이理와 기氣가 합쳐진 것이기 때문에 사단과 칠정 역시 이와 기의 합이다. 그러나 사단은 사덕이 그대로 현상계에 나타나, 순수하게 선하기 때문에 '이'理라고 말한다. 칠정은 칠정을 구성하는 요소 가운데 형기形氣가 외물外物에 의해 촉발된 것이다. 본래 선악善惡이 결정되지 않은 선악 미정未定이다(최영진, 2012: 77).

다시 말해 기情에는 청탁수박淸濁粹駁이 있다고 말한다. 맑음과 탁함, 순수함과 잡스러운 것이 섞여 있는 정도가 다양하다는 의미다. 투명하게 맑은 기情는 절대선理, 性을 현실계에 그대로 구현한다. 하지만 탁한 기情는 그 탁한 정도만큼 이理, 性를 엄폐한다. 마치 구름이 태양을 가리듯이 말이다(ibid. 54~55). 이처럼 '정'과 '기'의 관계는 '성'과 '이'의 관계와 같다. 사단은 이가 발현함에 기가 그것을 따르고, 칠정은 기가 발동함에 '이'가 그것을 타는 것이다.[5] 사단과 칠정을 '이'와 '기'의 관계에 배속시킬 수 있는 것은 양자의 가치상 성격이 동일하기 때문이다. 사단의 순수한 절대선은 곧 이理의 절대가 치이며, 칠정情의 선악 가능성은 기氣의 상대적 가치이다(ibid. 79~81).

---

5 고봉(高峯)과 퇴계의 사단칠정 논쟁 과정에서 퇴계가 고봉에게 보낸 두 번째 편지의 내용 일부임.

유전자형과 성性,
표현형과 정情의 유비적 관계

드라마의 밈 유전자형이란 아시아인들의 뇌 속에 저장되어 있는 겉으로 드러나 있지 않은 밈복제자meme replicator다. 장차 겉으로 드러나게 될 밈 표현형의 원천이다. 성性이란 마음속에 있으면서 발산되지 않은 것, 고요하여 움직임이 없는 것이다〔在心裏面, 未發動底, 是性; 寂然不動〕. 겉으로 드러나게 될 정情의 상대적 개념이다〔情與性相對〕(陳淳, 2005: 69~71). 밈 유전자형과 성性은 이처럼 사람의 뇌 속, 마음속에 있으면서 아직 겉으로 드러나지 않은 가설적hypothetical 성질이라는 공통점을 갖는다. 이것이 성과 유전자형을 같은 맥락에서 해석할 수 있게 해 주는 근거가 된다.

드라마의 밈 표현형이란 밈 유전자형이 복제과정을 거쳐 겉으로 드러난 것이다. 정情이란 마음의 작용이다. 성性이 동한 것이다[情者, 心之用; 性之動也]. 성이 사물에 감촉되어 움직인 것, 동하여 발산된 것을 정이라 한다[事物觸著, 便發動出來, 是情] (ibid. 69~71). 이처럼 '밈 표현형'과 '정'은 '밈 유전자형'과 '성'이 동動하거나 복제과정을 거쳐 겉으로 드러난 것을 의미한다. 이런 측면에서 밈 표현형과 정의 관계는 밈 유전자형과 성의 관계와 마찬가지로 같은 맥락에서 이해할 수 있다.

다시 말해 뿌리[性, 유전자형]의 작용은 모든 잎과 가지에 드러나 있지만[情, 표현형], 그 모습[性, 유전자형]은 보이지 않는 곳에 숨어 있고, 그 움직임은 모든 잎과 가지의 움직임으로 드러나지만[情, 표현형], 그 자체의 움직임은 지극히 미세하다. 마치 하늘의 천명天命과도 같다. 하늘의 모습[性, 유전자형]은 보이지 않지만, 그 작용은 천지만물로 나타나 있고[情, 표현형], 그 움직임은 지극히 미세하지만, 천지만물의 움직임으로 드러나 있다(이기동, 2012b: 115). 이처럼 드라마의 '밈 유전자형'과 '성', '밈 표현형'과 '정' 사이의 유비적 상호 관계성이 한국 드라마 밈의 사단칠정론적 해석을 가능하게 해 주는 근거가 된다. 물론, 밈 유전자형과 표현형이 '뇌'와 관련되고, 성과 정이 '마음'

과 관계된다는 점에서 이들 사이에는 분명한 차이가 존재한다. 그러나 '마음'이 '뇌의 작용'이라는 신경의학적 관점에서 볼 때, 그 차이는 유비적 관계의 기각요인이 되지 못한다.

제 2 장

한류밈의 사단칠정론적
유형 분류와 확장성

| 한류밈의 사단칠정론적 유형 분류와 확장성 |

한국 드라마밈의 확장성과 확장의 방향성을 제시하기 위해 『미래의 한류』는 한류사의 티핑포인트tipping point 가 된 〈질투〉(MBC, 최수종ㆍ최진실), 〈사랑이 뭐길래〉 (MBC, 최민수ㆍ하희라), 〈가을동화〉(KBS, 송승헌ㆍ송혜교), 〈겨울연가〉(KBS, 배용준ㆍ최지우), 〈대장금〉(MBC, 이영애ㆍ지진희) 등 5편의 드라마를 연구대상으로 한다.

〈질투〉는 〈여명의 눈동자〉(MBC, 최재성ㆍ채시라)와 더불어 한국 최초의 수출 드라마라는 한류사적 의미를 갖는다. 1993년 중국 하얼빈TV에 처음으로 수출된 〈질투〉는 우리나라 최초의 트렌드드라마이기도 하다. 〈사랑이 뭐길래〉는 중국시장에 한국 드라마 붐을 일으킨 최초의 드라마다. 한국 드라마의 사단칠정론적 이미지를 각인시켜 준 대표적인 작품이다. 1997년 중국의 국영 CCTV가 방송해 당시 외국 드라마로는 최고의 시청률을 기록했다. 〈가을동화〉는 2000년대 초 한국 드라마의 인기를 동아시아 전역으로 광범위하게 확산시킨 최초의 드라마다. 한국 드라마의 해외 시장성을 확인시켜 준 드라마다. 〈겨울연가〉는 2005년 드라마 수출 1억 달러를 견인한 드라마다. 일본을 중심으로 '겨울연가 신드롬', '욘사마' 열풍을 일으킨다. 〈대장금〉은 수출지역을 아시아에서 중동, 미주, 아프리카 등 전 세계로 확대시킨 대표적인 드라마다. 특히, '대장금' 열풍은 중국 당국을 긴장시켜 2006년 한국 드라마의 전면 수입금지라는 자유주의 시장경제에 반하는 결정을 내리게 한다.

밈이란 복제될 수 있는 일체의 정보, 개념idea들을 의미한다. 한국 드라마의 밈이란 한국 드라마를 수용하는 세계인, 특히 아시아인들의 머릿속에 한국 드라마가 어떤 정보, 어떤 개념으로 살아있고, 이것이 복제를 통해 어떻게 현실화하는지, 그 모습까지를 총칭하는 말이다(박장순, 2011 : 56~58).

드라마는 밈복합체다. 다양한 밈들을 가지고 있다. 동시에 드라마는 다양한 밈들을 소비자들에게 전달하는 밈운반자다. 운반자인 드라마를 통해 아시아인들은 한국의 드라마밈을 뇌 속에 복제, 저장하게 되고, 저장된 밈 유전자형은 겉으로 드러나 현실 속의 밈 표현형이 된다.

드라마는 복제자인 드라마밈, 즉 한류밈이 여행하는 실체다. 실체의 특질은 그 안에 있는 복제자 밈에 의해 영향을 받고, 복제자 밈 번식의 복합적인 도구로 인식된다(Dawkins, 2008: 112). 따라서 운반자가 파괴되면, 그 안에 있는 모든 복제자 밈 또한 파괴된다(ibid. 114). 운반자인 드라마가 파괴되면, 그 내부의 복제자 밈 또한 파괴된다. 밈운반자인 드라마의 건강함이 요구되는 이유가 여기에 있다. 이런 측면에서 한국 드라마의 뿌리, 즉 사단칠정론에 기초한 유교적 가치의 강화는 중요한 의미를 갖는다.

밈 유전자형의
사단칠정론적 유형

▌ 인仁 유전자형[惻隱之心]

화목

'서로 뜻이 맞고 정다움'이라는 사전적 의미를 갖는 유교적 가치 '화목'和睦은 밈운반자인 한국 드라마, 특히 대부분의 한국 홈드라마가 실어 나르는 대표적인 밈 가운데 하나다. 효를 근간으로 하는 가족 간의 화목은 사랑의 이치, 즉 인이다[仁是愛之理](陳淳, 2005: 83). 효도와 공경은 인의 실제다[孝弟, 便是箇仁之實](이기동, 2012b: 177).

홈드라마인 〈사랑이 뭐길래〉(MBC, 1991)는 이 같은 '인' 유전자형 '화목'의 두 가지 유형, 즉 민주적 · 수평적 구조의 화목과 전통적 · 수직적 구조의 화목을 함께 보여 준다. 민주적 · 수평적 구조란 가족 구성원 간에 생각이나 의사가 자유롭게 수평적으로 교환되는 서구의 평등주의에 기초한 의사소통 체계를 말한다. 전통적 · 수직적 구조란 장유유서長幼有序와 상명하복上命下服과 같은 전통적 가치체계에 기반한 가족 간의 수직적 의사소통 구조로 서구적 의사소통 구조와는 대립적 관계에 있다.

극중에서 '박 이사' 집안은 민주적 · 수평적 구조의 가족간 '화목'을 보여 준다([사진 01] 좌). 아버지 박창규(김세윤 분), 어머니 한심애(윤여정 분), 큰딸 지은(하희라 분), 둘째 딸 정은(신애라 분), 막내아들 정섭(김찬우 분), 그리고 박 이사의 노모 진숙(여운계 분) 등 적극적이고 활달한 성격의 인물들로 구성된다.

어머니 심애는 중학생 때부터 좋아하던 박 이사와의 결혼을 위해 대학을 중퇴한 목적 달성형 인물이다. 자식들의 결혼이나 교육에서도 이 성격은 유감없이 발휘된다. 한때는 새침데기였으나, 대가족의 맏며느리로 오랜 기간 시집살이를 하다보니 자신도 모르는 사이에 수다쟁이로 변해 있다. 큰딸 지은은 대학원에서 사회학 박사과정을 밟고 있는 총명한 여인이다.

[사진 01] 〈사랑이 뭐길래〉에서 '인' 유전자형 '화목'을 보여 주는 민주적·수평적 가정의 박 이사 가족(좌)과 전통적·수직적 가정의 이 사장 집안 식구들(우)

그런데 부족함 없이 자란 그녀가 '결혼하면 학업도 포기하겠다'는 각서에 서명까지 하면서 이 사장(이순재 분) 집안 장남 대발(최민수 분)에게 먼저 청혼을 한다. 어린 시절 어머니 심애가 아버지 창규에 보여 주었던 열렬한 사랑을 대물림해 보여 주는 것 같은 모습이다. 둘째 딸 정은은 약사다. 활달하고 낙천적이고, 유머러스한 성격이다. 그러면서도 남자 기피증을 가지고 있다. 결혼은 싫고, 아이만 셋을 낳아 키우고 싶어 한다. 막내아들 정섭은 삼수 끝에 어렵게 대학에 진학한 늦깎이 학생이다. 능력 있는 여자와 결혼해서 집안 살림이나 했으면 좋겠다는 엉뚱한 생각의 소유자다. 어린 나이에 콧수염을 기르고 싶어 해 부모의 속을 썩이기도 한다. 전통적·수직적 가정에서는 상상조차 할 수 없는 독특한 생각과 태도를 보여 준다.

박 이사의 모친 진숙은 남편의 사랑을 듬뿍 받고 살아온 집안의 여왕이다. 그런 남편이 죽자, 고독감과 상실감에 며느리 심애를 몹시 불편하게 한다. 급기야 홀로 된 막내여동생 미숙(사미자 분)과 미국에 이민 가 있는 둘째 여동생 선숙(강부자 분)을 불러들여 아들 박 이사 집에서 '노인 트리오'를 구성한다. 며느리 심애의 부담이 말할 수 없이 커진다.

이렇게 개성 넘치고, 자유분방한 가족 구성원들의 한가운데

에 아버지 창규가 있다. 항공사 이사로 엄청난 효자다. 애처가
이며 동시에 자식들에 대한 사랑이 유별난 아버지다. 그의 따
뜻한 가족애가 민주적·수평적 구조의 가족 간 '화목'의 근간
이다. 다음 장면은 이런 효를 근간으로 하는 가족 간의 사랑, 즉
'인' 유전자형 '화목'을 깊이 느낄 수 있게 해 준다. 시어머니와
그녀의 두 분 동생을 함께 모시는 남편 창규와 아내 심애의 모
습이 자식으로서의 도리가 무엇인지를 새삼 깨닫게 해준다.

〈사랑이 뭐길래〉 제4회

#진숙방

심애 어떻게 많이 드셨어요?

미숙 응

심애 저희가 저녁을 만두 먹는 바람에 찬이 신통치 않아서…

미숙 아이고, 애, 사치스러운 소리 하지 마~ 애들이 사갖고 들
　　어온 누린내 나는 햄버거 하나로 저녁 먹는 날이 부지기수
　　다. 왕후마마처럼 먹었다!

심애 그러셨으면 다행이구요.

선숙 아니 넌 집에서 밥해 애들 안 먹이고 이게 무슨 소리야~

미숙 에이, 교통사고 나서 6개월을 꼼짝 못하고 6개월 지팡이 집
  고 다녔을 적 얘기에요.

창규 이모님, 배 좀 드세요.

미숙 아이고, 이 배! 이 그리운 배! 미국에서 비싸서 못 먹는 이
  내나라 배! (다 같이 웃는다) 아이구, 이시려!

진숙 애, 이모 치과부터 보내야겠다.

창규 아! 예 예… 저 한강 이 박사께 모시고 가요 당신.

심애 네

진숙 넌 괜찮니? 뭐 손 볼 거 없어?

선숙 난 뭐 여름에 손보고 깨끗해.

진숙 뭐 시원찮은 거 있으면 염치 차리지 말고 애 다닐 때 따라
  다녀~

창규 예~ 그러세요!

선숙 아니야 아니야~ 그럴 필요 없어. 없어 하나도 없어~

심애 근데 이모님 정말 어떻게 어머님 놀라시라고 작정하시고 떠
  나신 거예요? 별안간 대문벨 누르고 나타나세요? 어떻게
  ~

미숙 (웃으며) 서프라이즈 좀 했지? (다 같이 웃는다)

창규 그래도 저, 국내 여행도 아닌데, 그럼 되나요~ 연락 주셨

으면 어머님 이모님 모시고 나가서 편안히 모셔 드렸을 텐데. 짐 드시고 택시 타시고~

진숙 그러게 말이다. 애가 항공회사 이사다. 미리 연락했으면 자리도 잘 봐주었을 거고, 비행기 안에서도 스… 스튜 뭐냐…

미숙 스튜어디스~

진숙 특별히 챙겨 줬을 거고! 무슨 초친 맛이야 그게~

미숙 이렇게 와서 앉아있으니 됐지 뭘 그래요~

진숙 너 애들한테 전화 좀 넣어. 내 요것들을 그냥 혼쭐을 내야지. 어떻게 수만 리 비행기를 타는데, 지 어머니 푼수 떤다고 같이 쿵짝 맞춰 죽은 듯 가만히 있어? 걱정도 안 돼?

미숙 언니~

진숙 어여 전화 넣어~

창규 아, 예~

미숙 아이구 애, 뒤 됐어~ 나둬~ 걔들 지금 전화해도 없어, 몽땅 어디 가고 없어.

진숙 어디?

미숙 하와이 갔수, 휴가 내서~ 한 대엿새 돼야 와요. 걔들은 하와이로 뜨고 난 여기로 뜨고 그랬어요.

진숙 아니 그럼 하와이에서도 전화 못해 그럼?

미숙 아유, 별걸 다 신경 쓰네 참~ 아이구, 얘 니들 내려가 쉬어
      라. 괜히 대접한다고 앉아 있을 거 없어~

창규 예~ 예. 그럼 말씀들 나누세요. 뭐, 오늘만 날 아니고 내일
      도 있고 모래도 있고 주무시고 나면 자꾸 새날, 날 많으니
      까 무리하시지 마세요. 그럼 어머니 안녕히 주무세요.

진숙 오냐~

창규 그럼, 안녕히 주무세요.

미숙 그래~ 굿나잇이다~

심애 그럼, 주무세요. 여보~

창규 자자 이리 내요, 내가 들고 내려갈게. 하하… 저 사람이 발
      목이 좀 약하거든요.

미숙 으이구~ 천상 니 아버지다.

심애 아이고, 저 자리 깔아드려야 되는데!

선숙 얘, 아무리 늙었어도 여자가 셋이다. 걱정하지 말어, 어여
      내려가 됐어. 우리 잘려면 아직 멀었다.

심애 네 그럼, 편히 쉬세요.

미숙 그래~

극중의 이 사장 집안은 전통적·수직적 구조의 가족간 '화목'을 보여 준다(〔사진 01〕 우). 아버지 이병호(이순재 분), 어머니 여순자(김혜자 분), 아들 대발(최민수 분), 막내딸 성실(임채원 분) 등으로 구성된다.

아버지 병호는 사업가다. 가장의 권위를 지키기 위해 가족들 앞에서는 절대 웃지도 않는 완고한 현대판 자린고비다. 어머니 순자는 이렇게 유별난 남편에게 아침마다 세숫물을 떠다 바치는 순종녀. 동창인 심애와 정반대의 삶을 살고 있다. 그러다 보니 심정이 꼬여 있어 밖에만 나가면 미운 소리를 해대 친구들의 비위를 긁어놓곤 한다. 아들 대발은 레지던트 2년차다. 어머니 순자처럼 순종을 미덕으로 삼는 여자가 있다면 결혼을 고려해 보겠다는 남성우월주의적 청년이다. 여자에 대해 별 관심을 보이지 않는다. 막내딸 성실은 완고한 집안의 돌연변이다. TV 광고모델을 꿈꾼다. 전통적 가치로 무장된 아버지 병호에 대해 두려움도 가지고 있지만, 자신의 꿈을 향해 용기 있게 나간다.

민주적·수평적 가정에서는 아버지 창규가 가족 간 '화목'의 출발점이자, 동시에 완결자다. 그런데 전통적·수직적 구조의 이 사장 집안에서는 어머니 순자와 아버지 병호가 가족

간의 '화목'을 위해 역할을 나눠 맡는다. 다시 말해 어머니 순자는 출발점, 아버지 병호는 '화목'의 완결자 역할을 수행한다. 이는 막내딸 성실의 문제를 해결해가는 그들 둘의 태도에 잘 드러나 있다.

아버지 병호(이순재 분)는 딸 성실(임채원 분)이 늦게 들어오자 벌을 세운다. 어머니 순자는 딸의 늦은 귀가가 CF모델 오디션 때문이라는 사실을 알고 기겁을 한다(22회). 우리 집안에서는 있을 수 없는 일이다. 그런데 성실은 모델 오디션에 합격했다고 기뻐하고, 순자(김혜자 분)는 남편 병호가 무서워 이를 못하게 말린다(25회). 아버지 병호는 딸 성실이 또 늦는다고 고함을 지르고, 어머니 순자는 급한 김에 병원에 입원한 친구를 문병 갔다고 둘러댄다. 촬영을 끝내고 녹초가 되어 들어 온 성실은 그저 행복하기만 하다. 어머니 순자의 걱정은 안중에도 없다(29회). 성실이가 TV광고에 나온다는 사실을 알고 있는 순자는 남편 병호가 알까봐 몹시 불안해한다. 그러면서도 텔레비전에 나오는 딸 성실이의 모습이 궁금한 순자는 대문을 걸어 잠그고 TV를 보다가 남편 병호가 들어오는 바람에 화들짝 놀란다(35회). TV를 고장내 보려고 하지만 고장이 안 난다(36회).

저녁 식사 시간, 아버지 병호는 TV를 켜라고 하고, 가족들은 아버지가 성실의 광고를 볼까봐 어쩔줄 몰라한다. 이런 분위기를 견디지 못한 성실이 마침내 아버지에게 이실직고를 하고, 광고 모델을 허락해달라고 청한다. 화가 난 아버지 병호는 가위를 들고 성실의 머리카락을 자르려고 한다(39회). 참다못한 딸은 가출을 하고, 이를 알게 된 아버지 병호는 "이제 성실은 내 자식이 아니다"라며 대노한다. 딸이 걱정된 어머니 순자는 몸져눕는다(40회). 속으로는 걱정이 되면서 겉으로 이를 드러내지 못하는 아버지 병호는 성실을 찾아 나서지 않는다며 아들 대발에게 화를 내고(47회), 성실이 돌아올 때까지 집에서 웃지도 말라고 명령한다(48회).

며느리 지은(하희라 분)의 친정에 숨어지내던 성실을 발견한 아버지 병호는 딸을 데리고 오며, 온 가족을 불러 모은다. 아내 순자, 아들 대발, 딸 성실은 곧 떨어지게 될 아버지 병호의 불호령을 기다리며 무릎을 꿇고 앉아 안절부절 하지못한다. 그런데 긴장된 순간, 아버지 병호는 뜻밖에도 가족 모두를 용서한다. "아버지… 기분이 몹시 좋다."는 그의 한마디에 집안에는 순간, 평화와 행복이 흐른다(50회). 결국, 전통적·수직적 구조에서 가족 간의 '화목'은 아버지의 결단에 의해 완성되고, 비록 대사상에는 나타나 있지 않지만 어머니는 '화목'에 이르

2장 · 한류밈의 사단칠정론적
유형 분류와 확장성

는 과정의 출발점이자 동시에 조정자임을 아래 장면은 보여
준다.

〈사랑이 뭐길래〉 제50회

#안방

병호 아가

지은 네…

병호 시부모 기만하고, 너희 남편 기만하고, 너희 친정 부모님께
폐 끼치고… 너 이제부터 앞으로 석 달 열흘, 백 일 동안 물
통 들고 마당에 나가서…

대발 아… 아버지!

병호 벌을 서도록 해야 마땅하지만, 홀몸이 아니니까 반으로 줄
여 오십 일 동안…!

대발 아유 아버지! 그건 정말 너무 하십니다. 이 사람한테 너무,
저 지나친 징계세요… 아니 물론 저… 아버지 뜻을 거역하
고 가출한 시누이 편에서 이러고, 저러고, 한 거는 아버지
입장에서는 몹시 언짢으시고 불쾌하시겠지만요… 아버지
가 반면에 이 사람 입장이 되어 보십시오. 시누이인데 어

떻게 모른 척할 수 있겠습니까. 도와주고는 싶지만 아버지 한테 벌 받는 게 겁나서 모른 척할 수밖에 없었다. 그렇게 딱 잡아 때었어야 했습니까? 그럴 순 없는 거 아닙니까, 아버지…예?

병호　부모 말허리 자르는 건 어디서 배운 게야?

대발　아… 예…

병호　반으로 줄여서 오십 일 동안!

대발　아이고… 저… 아버지. 그… 벌을 제가 이 사람 대신 제가…

병호　벌을 서게 하고 싶다만, 네가 시누이 끔찍이 걱정하는 생각이 기특한데다가 다른데도 아니고, 너희 친정에 데리고 가서 아무 탈 없이 돌아오게 하는 현명함에 내 감복해서, 벌은 면제다. 고맙다!

대발　아… 예… 그러시죠 아버지, 전 또 그냥…

병호　성실아

성실　네…

병호　아버지… 기분이 몹시 좋다.

순수와 순애보

하늘의 작용은 순수하다〔大哉 剛健中正純粹精也〕(이기동, 2010: 75~77). '순수'는 어떤 의도나 계산을 깔고 있지 않다. "사사로운 욕심이나 못된 생각이 없음"이라는 사전적 의미를 갖는다. 이런 '순수'는 아시아인들의 뇌 속에 복제되어 있는 한국 드라마가 실어 나르는 또 하나의 '인'仁 유전자형이다. '순수한 사랑 이야기' 즉, '순애보'〔純愛譜〕는 상대를 자기처럼 사랑하는 '인'仁을 실천하는 '인'의 용用이다. 이들 '순수'와 '순애보' 밈은 젊은 남녀의 순수한 사랑이야기를 소재로 한 트렌디드라마라는 새로운 장르가 1990년대 초부터 한국 드라마사조의 주류가 되면서 얻게 된 한국 드라마의 밈이다.

'순수', '순애보' 밈은 세계 각국에서 방송된 한국 드라마의 현지어 번역 제목에서도 쉽게 발견된다. 드라마 〈가을동화〉(KBS, 2000)가 중국에서는 〈藍色生死恋〉, 일본에서는 〈秋の童話〉, 베트남에서는 〈Trai Tim Mua Thu〉(가을의 심장), 미주 지역에서는 〈Autumn in My Heart〉, 필리핀에서는 〈Autumn in My Heart, Endless Love〉, 베네수엘라에서는 〈Otoño en mi Corazón〉(내 마음의 가을) 등의 제목으로 방송되었다.

'남색'藍色은 '헌신'이라는 색채적 의미를 갖는다. 중국어 제목 〈藍色生死恋〉은 "목숨 같은, 목숨을 건 헌신적인 사랑"의 의미로 해석될 수 있다. 이처럼 중국인들은 〈가을동화〉를 통해 목숨 같은 순수, 순애보의 '인'仁 유전자형을 발견한다. '동화'童話는 동심童心으로 쓰여진 어린이들을 위한 이야기다. 어린이들의 마음에서 읽어낼 수 있는 순수, 천진난만함의 이미지를 담아낸다. 〈가을동화〉의 일본 제목 〈秋の童話〉는 일본인들이 〈가을동화〉를 통해 어린이들의 마음과 같은 순수, 순애보의 밈을 발견했기 때문에 붙인 이름이다. '심장'Heart은 '목숨'과도 같다. '마음'으로도 해석된다. 〈가을동화〉의 베트남 제목 〈Trai Tim Mua Thu〉(가을의 심장), 미주 및 필리핀 제목 〈Autumn in My Heart〉, 〈Autumn in My Heart, Endless Love〉, 베네수엘라 제목 〈Otoño en mi Corazón〉(내 마음의 가을) 등은 '심장, 목숨, 마음'에 내재된 순수, 순애보의 '인'仁 유전자형을 담아내고 있다.

드라마 〈겨울연가〉(KBS, 2002) 또한 중국에서는 〈冬季恋歌〉, 일본에서는 〈冬のソナタ〉, 미주 지역에서는 〈Winter Sonata〉, 필리핀에서는 〈Winter Sonata, Endless Love II〉, 베네수엘라에서는 〈Sonata de Invierno〉(겨울소나타) 등의 제목으로 방송되었다. 그런데 이들 제목에 나오는 '연가'恋歌는 사랑하는 사

람을 그리워하며 부르는 사랑의 노래다. 사랑의 순수함을 담고 있다. '소나타'Sonata는 본디 진지한 내용과 절대음악적 구성을 가진 음악이다. 순수한 예술적 감상을 목적으로 한다. 이처럼 '연가', '소나타' 등 제목에 나타난 순수, 순애보라는 표제적標題的 믜은 주인공 준상(배용준 분)과 유진(최지우 분), 그리고 상혁(박용하 분) 사이에 얽힌 첫사랑 이야기 속에 깊숙이 인코딩되어 있다.

유진은 밤늦도록 길에서 준상을 기다린다([사진 02] 좌). 그러나 준상은 나타나지 않는다. 다음 날 유진은 준상이 교통사고로 죽었다는 소식을 듣는다. 유진은 눈물을 흘리지 않는다. 준상의 죽음을 믿으려고 하지 않았기 때문이다. 그러던 어느 날 집에 준상의 피아노 연주 녹음테이프가 도착한다. 유진은 오랫동안 참고 있었던 긴 울음을 토해낸다. 그로부터 10년 후, 상혁과의 약혼식이 있는 날 유진은 약혼선물과도 같은 첫눈을 맞으면서 식장을 향해 간다. 그때, 유진은 준상과 똑같이 생긴 한 남자를 발견한다. 10년 전 "첫눈이 오면 뭐 할 거니?"라고 묻던 준상의 목소리가 들린다. 유진은 약혼식도 잊은 채 준상을 닮은 그 남자를 찾아서 거리를 헤맨다. 결국 약혼식은 엉망이 돼버린다(3회). 얼마 후 스키장 리노베이션 공사를 맡기 위

[사진 02] 〈겨울연가〉에서 '인' 유전자형 '순수한 사랑'을 엮어가는 준상과 유진; 준상을 기다리는 유진(좌)과 준상을 닮은 민형을 만나는 유진(우)

해 폴라리스의 대표로 프리젠테이션을 하러 마르시안을 향하는 유진은 그곳에서 준상과 똑같은 외모의 그 사람, 민형(배용준 분)을 다시 만나게 된다([사진 02] 우). 그가 폴라리스를 힘들게 했던 미국에서 왔다는 마르시안의 새로 부임한 이사다. 결국 유진은 민형을 보고는 아무 말도 하지 못하고 뛰쳐나와 버린다(4회).

엄마가 아파서 급히 춘천으로 가려던 유진이 민형과 함께 가는 상황이 된다. 그곳에서 유진은 어린 시절 준상과 함께 갔던 호숫가에 민형과 같이 들르게 되고, 준상과의 옛 추억에 사로잡힌다. 그런 유진을 보는 민형의 표정은 안타깝기만 하다(7회). 준상이 살았던 집으로 찾아간 민형은 그곳에서 엄마 강미희(송옥숙 분)를 만난다. 그녀로부터 자신이 준상임을 확인받는다(12회). 이 사실을 유진에게 밝히지만 유진은 믿지 못한다. 민형이 자신을 잊지 못해서 준상이가 되고 싶어 한다고 생각하고, 오히려 더 멀리하려고 한다(13회). 강미희를 통해 준상이 자신의 아들임을 알게 된 진우(정동환 분)는 망연자실해 한다. 마침 미희를 찾아온 준상도 그 자리에서 진실을 듣게 된다. 말할 수 없을 정도로 심한 분노와 참담함에 사로잡힌 준상은 상혁(진우의 아들)을 찾아가서 다시 유진을 찾고 싶다고 말한다. 준상은 전화를 걸어 유진과 약속을 잡는데 마침 병원에서 검사 결과가 나왔다면서 전화가 걸려온다. 교통사고 후유증으로 수술을 받지 않으면 생명이 위독하다는 진단을 받는다. 하지만 수술을 받게 되면 기억을 잃을 수도 있다는 의사의 말에 준상은 망설이게 된다. 마지막으로 유진을 만난 준상은 유학을 떠난다는 유진의 말에 가슴 한구석이 무너지는 느낌을 받는다. 기억할 게 있다면 평생 다시 만나지 못한다 해도 행복할 수 있다는 유진의 말에 준상은 수술을 포기한다. 기억을 간직하고 싶었던 것이다.

한편, 아버지 진우와 이복형제가 된 상혁은 준상을 살리기 위해 수술을 권하지만 준상의 결심은 쉽게 바뀌지 않는다. 그러던 준상이 미국으로 치료를 받으러 떠나겠다 하고, 상혁은 이 사실을 유진에게 알린다. 유진은 미국으로 떠나는 준상의 마음을 이해하고 더 먼 미래를 기약하기로 마음을 먹는다(20회).

다음 장면은 준상과 유진이 이별하는 바로 전날 모습을 보여 준다. 애틋한 이들의 모습에서 디코딩되는 첫사랑의 순수함이 묻어난다.

2장 · 한류밈의 사단칠정론적
유형 분류와 확장성

〈겨울연가〉 제20회

#찻집 (낮)

준상 유진아…!

유진 (보면) 왜?

준상 그냥… 봐두는 거야… 다시는 너 못 볼지도 모르니까.

유진 (글썽)

준상 널 첨 봤을 때 나 놀랐었다? 저렇게 예쁜 애가 있다니 정말
     놀랐었어. 그리고 폴라리스에서 다시 널 봤을 때도 씩씩하
     게 일하는 너의 모습이 참 눈부셨어. 넌… 넌 그렇게 늘 좋
     은 모습이었는데… 난 니 좋은 모습 지켜주지 못했어. 슬
     프게만 만들었어.

유진 아니야 아니었어. 나 너 만나서… 얼마나 행복했는데. 정말
     행복했어.

준상 …고마워… 유진아.

#유진의 집 앞 (밤)

준상의 차가 들어온다. 두 사람 한동안을 그렇게 앉아 있다. 준
상이 먼저 내리는 차 문을 열어준다. 유진 차에서 내린다.

두 사람 그렇게 마주 보고 있는데…

준상 내일 공항엔 나오지 마… 너 두고 가는 거 나 힘들 거 같아.

유진 그래…

준상 그리고 너, 어디서든… 밥 잘 먹고, 잠도 잘 자고… 씩씩하
      게 잘 살겠다고 약속해 줘.

유진 약속할게.

준상 그리고 유진아. 우리… 앞으론 다시 만나지 말자. 그냥 바
      닷가에서 행복했던 그 기억을 마지막으로 우리 다시 만나
      지 말고 좋은 모습만 기억하자. 그래 줄 수 있어?

유진 그래…

준상 그래 고마워… 갈게… (나즈막하게) 안녕… (하는)

유진 (확 준상의 옷을 잡는다) 안녕…

이처럼 가슴을 시리게 하는 순수한 사랑, 순애보 밈은 장금
(이영애 분)과 정호(지진희 분)의 지고지순한 사랑을 배경으로 한
드라마 〈대장금〉(MBC)에서도 이어진다.

[사진 03] 〈대장금〉에서 '인' 유전자형 '순애보'를 엮어가는 장금과 정호; 덕구에게 장금의 삼작노리개를 보여 주는 민정호(좌)와 민정호에게 부모의 죽음에 관한 비밀을 이야기하는 장금(우)

칼을 맞고 쓰러진 정호는 자신을 구해 준 한 여인(장금)을 찾기 위해 그녀가 떨어뜨린 삼작노리개를 갖고 치계천을 찾는다([사진 03] 좌). 그곳에서 그는 대령숙수[1] 강덕구(임현식 분)에 관한 이야기를 듣고, 그의 집으로 향한다(9회). 덕구와 덕구 처는 저잣거리에서 정호를 만나고, 그가 내금위 군관임을 알게 된다. 덕구는 장금에게 "삼작노리개를 가지고 너를 찾아온 선비가 있다"며 그녀를 정호에게 안내한다. 하지만 두 사람은 서로를 알아보지 못하고 엇갈린다(13회). 운암사로 간 장금은 비밀 임무를 수행하기 위해 그 곳에 와 있는 정호와 덕구를 만나게 되고, 우연한 기회에 정호에게 지금까지 비밀로 해왔던 아버지(박찬환 분)와 어머니 박 나인(김혜선 분)에 관한 이야기를 들려준다(16회; [사진 03] 우). 어머니의 죽음에 관한 비밀서찰이 없어진 사실을 안 장금과 스승 한 상궁(양미경 분)은 정호를 찾아가 도움을 청하고, 정호는 이때 장금에 대한 자신의 마음을 내비친다(25회). 중종(임호 분)이 유황오리를 먹고 쓰러지는 사건에 연루돼 제주로 귀양을 간 장금은 한양으로 돌아가기 위

---

1 조선시대 궁중의 남자 조리사.

해 계속 탈출을 시도한다. 그러던 어느 날 한양에서 제주 감찰을 내려온 정호가 이런 장금을 발견하게 된다(28회). 정호의 도움으로 풀려난 장금은 다시 동료 의녀들과 윗사람들에게 오해를 사 역병이 발병한 지역으로 차출돼 나간다(39회).

다음 장면은 이런 장금을 구하기 위해 돌림병마을로 들어가는 정호의 애틋한 사랑을 보여 준다.

〈대장금〉제39회

#경계 지역
병졸들이 지키고 서 있는 곳으로 달려오는 민정호. 들어가려 하자… 군관이 막아선다.

정호 나는 감진부사다. 들어가야 한다.
군관 들어가실 수는 있으나… 한번 들어가면 누구도 나올 수 없습니다.
정호 그래도 들어가야 한다.
군관 지금 나으리께서 들어가시면 성난 백성들에게 곤욕을 치르실 겁니다.

정호 그래도 들어가야 한다. 확인을 해야 해.

군관 명을 내리신 분이 어찌 이러시는 겁니까? 어명이라 하지
      않으셨습니까?

정호 안다! 허나 들어가야 한다. (정호, 군관을 제치고는 그냥
      들어가 버리자…)

군관 나으리!

#마을 일각

민정호, 이리저리 찾아 헤매는데…

휙 지나가는 멀리… 나무 밑에 앉아있는 누군가를 본다. 웬 여
      자이다. 달려가는 민정호.

#나무 밑

달려오는 민정호…

정호 (반가워) 서 나인!

장금 (멍하니 바라보는데 눈에는 눈물이 가득 고여 있다)

이처럼 드라마 〈대장금〉은 시대의 벽을 넘어선 감동과 함께 인간 '대人장금'의 탄생 과정에 민정호의 지극한 사랑이 깊이 들어와 있음을 확인시켜 준다. 장금에 대한 정호의 순애보가 전하는 간절하면서도 절제된 사랑은 어찌 보면 한국 드라마가 실어 나르는 전통적인 '사랑밈'의 극치라고도 할 수 있다.

선량함과 아름다움

'인仁'이란 '선善'의 으뜸으로서 마음의 전덕全德을 대표한다〔然仁所以長衆善, 而專一心之全德者〕(陳淳, 2005: 84). 선善은 만물을 살리는 하늘의 작용을 형용한 말이다(이기동, 2010: 76). 선량善良함은 품성이 어질고 착해서 만물을 살리는 힘을 갖고 있다. 〈사랑이 뭐길래〉의 지은(하희라 분) 아버지 창규(김세윤 분)는 선량함의 대표적 표상이다. 가장으로서 가족 간의 화목을 위해 애쓰는 그의 민주적 · 수평적 언행은 가정을 살리고자 하는 선량함에서 출발한다.

예를 들어, 다음 장면은 딸 지은의 결혼 문제로 속상해 하는 아내 심애를 위로하고 설득해가는 남편 창규의 모습을 보여준다. (〔사진 04〕 좌). 이같은 설득 과정을 거친 후에야 남편 창규는 딸 지은의 결혼 사실을 어머니를 비롯해 두 분 이모와 가족들에게 알린다(〔사진 04〕 우, 10회). 드라마 전반에 걸쳐 보이는 이 같은 남편 창규의 절차적 과정은 가정을 살리는 힘으로 작용한다.

〈사랑이 뭐길래〉 제10회

창규　자식은 어차피 떠나게 돼 있어요. 부모 섭섭하지 않게 하는 자식 없어요. 부모는 누구나 다 자식한테 코 물려 뜯기고는 배신당하는 거라고… 크건 작건 심각하던 가볍던, 부모와 자식은 애당초 번지수가 다른 거라구요.

심애　서양 사람들이 역시 현명하다 싶어요. 열여덟 살만 되면 독립시켜서 저 혼자 살게 놔두고, 우리처럼 이렇게 애면글면 안하는 게… 그게, 부모 자식 일방적으로 부모는 밑지기만 하는 관계라는 거… 일찌감치 터득한 거라구요.

창규　그러니까 우리도 성인이 될 때까지만 열심히 키우고, 교육시키고, 보호해 주는 거야. 그 뒤에는 배꼽 줄을 잘라내야 하는 거라구. 배꼽 줄을 잘라내 주라고, 그만 당신이 저 줘…

심애 성년과 함께 배꼽 줄을 잘랐으면 대학서부턴 공부도 지들이 벌어서 해야 될 거 아니에요, 왜 우리가 내요!

창규 뭘~치사하게 돈 문제 갖고.

심애 감정적으론 남보다 더 매정하면서 왜 경제적으로 의지해! 그런 법이 어디 있어요! 우리 지들한테 빚 쓴 거 있어요? 우리 뒷바라지 당연한 거고, 지들도 잘난 척 독립선언 당연한 거고, 독립선언 했으면 자립해야죠!

창규 자식은, 여보. 낳아서 키우는 동안, 무엇보다도 어여쁜 짓하면서 우릴 행복하게 해 준 많은 순간들로 끝나야 해. 그 행복했던 순간들을 부모한테 제거하는 것으로 자식한테서 받을 건 다 받았다고 생각하자고. 더 받을 게 없어… 이제 줄 것만 있지.

표현방식은 다르지만, 전통적 · 수직적 언행을 보이는 대발(최민수 분) 아버지 병호(이순재 분)의 품성 또한 선해서 만물을 살리는 힘을 갖고 있다. 그는 자신의 반대로 패션모델을 할 수 없게 된 막내딸 성실(임채원 분)이 집을 나가자, "성실이가 돌아올 때까지 집에서 웃지 말라"고 가족들에게 명령한다(48회).

[사진 04] 〈사랑이 뭐길래〉에서 '인'
유전자형 '선량함'의 표상 박 이사; 딸
지은의 결혼을 승낙하자고 아내를 설
득하는 박 이사(좌), 가족들에게 지은의
결혼을 알리는 박 이사(우)

엄격한 가부장적 아버지의 모습을 보여 주는 상징적 장면이다. 그러나 이는 집 나간 딸을 걱정하는 아버지가 마음의 전덕 全德인 '인'을 드러내 보여주는 말이다.

〈사랑이 뭐길래〉 제48회

#마당

병호 당신이 어머니라는 사람이야?

순자 네…?

병호 아니, 집 나간 자식을 두고 웃음이라니. 웃어져? 웃을 수가 있는 거냐구?

순자 (한숨 쉬며) 닦으세요.

병호 성실이 들어올 때까지 이 집 식구 누구도 웃는 얼굴 나한테 보이지 마! (웃는 대발) 웃지 마!

대발 네…

딸을 찾아 나선 아버지 병호는 사돈 창규의 집에 숨어 있던 딸 성실을 발견하고 집으로 데려온다. 그리고 딸 성실을 용서

하며, 그녀가 모델 활동을 할 수 있도록 허락한다(50회). 이런 병호의 '인'을 실천하는 속 깊은 마음은 며느리와 아내를 대하는 그의 태도에서도 나타난다. 평생을 함께 고생한 아내 순자를 위해 그는 새 집을 지어주는 '만물을 살리는' 선한 남편이며(50회, 〔사진 05〕 좌), 진통이 시작된 며느리(하희라 분)를 위해 택시를 잡으러 뛰어가는 선한 시아버지다(55회, 〔사진 05〕 우). 비록 표현방식은 다르지만, 아버지 병호의 본성은 가족을 사랑하는 '인'의 마음으로 가득 차 있다.

미美, 즉 '아름다움'이란 감각기관을 통해 얻어지는 가치다. 인간에게 좋은 느낌을 준다. 때로는 내적 쾌감을 주는 감성적 대상을 가리키기도 한다. 그러나 그 가치나 대상은 남을 나로 여기고, 남을 나처럼 사랑하는 '인'의 마음이 없이는 얻어질 수 없다. 아시아인들이 한국 드라마를 '아름다움'을 실어 나르는 밈운반자meme vehicle로 인식하고 있다는 것은 그들의 마음속에 '인'을 실천하는 인간의 선善한 본성이 작동하고 있다는 것을 의미한다. 그렇기 때문에 아시아인들이 한국 드라마 속에서 '아름다움'의 밈을 발견할 수 있었던 것이다. 한국 드라마에 대한 중국 언론의 평가를 인용한 국내 신문의 다음 기사가 이를 반증해 주기도 한다.

2장 · 한류밈의 사단칠정론적
유형 분류와 확장성

[사진 05] 〈사랑이 뭐길래〉에서 박 이 사와 또 다른 모습의 '인' 유전자형 '선 량함'을 보여 주는 대발 아버지 이병호; 아내 순자에게 집을 지어주겠다는 남편 병호(좌), 해산을 앞둔 며느리를 위해 택시를 잡으러 가는 시아버지 병호(우)

아름다움은 인간 문화의 기본이다. 가장 기본적인 인간의 주제 창작의 고통을 첨가하여 영원한 청춘과 사랑을 만들어낸 것이 바로 한국 드라마다. 한국 드라마는 신선한 혈액과 매력으로 잠깐 출현했다가 사라지는 일시적 현상이 아닌 아시아 전체를 녹이는 새로운 문화로 재탄생한 것이다(경제투데이, 2005.10.27).

병든 백성을 돌보기 위해 궁을 떠나 척박한 환경의 활인서[2] 活人署로 향하는 주인공 장금의 마음은 '인'을 실천하는 인간 본성의 '아름다움'을 보여 준다(49회). 꽃놀이 가시는 세 분 할머니들의 도시락을 준비하는 〈사랑이 뭐길래〉의 며느리 한심애(윤여정 분)의 마음도 '인'을 실천하는 인간 본성의 '아름다움'을 보여 준다(40회). 백혈병에 걸린 은서(송혜교 분)를 위해 최선을 다하는 〈가을동화〉의 준서(송승헌 분)와 태석(원빈 분)의 헌신적인 사랑도 '인'을 실천하는 인간 본성의 '아름다움'을 보여 준다([사진] 06). "기억할 게 있다면 평생 다시 만나지 못한다 해

---

2 조선시대 빈민 의료사업을 맡아보던 관청.

도 행복할 수 있다"는 유진(최지우 분)의 말에 - 자신의 생명과 사랑하는 이에 대한 기억 사이에서 - 수술(생명)을 포기하고, 기억을 선택한 〈겨울연가〉의 준상(배용준 분)의 마음도 남을 나처럼 사랑하는 '인'仁의 아름다운 실천을 보여준다(20회). 이처럼 한국의 드라마는 선善과 미美, '선량함'과 '아름다움'의 밈을 실어 나른다.

■ 예禮 유전자형[辭讓之心]

노인공경

사람이 마땅히 지켜야 할 도리인 '군위신강君爲臣綱, 부위자강父爲子綱, 부위부강夫爲婦綱' 세 가지를 삼강三綱이라고 한다. 그리고 이의 실천 강령인 '부자유친父子有親, 군신유의君臣有義, 부부유별夫婦有別, 장유유서長幼有序, 붕우유신朋友有信'을 오륜五倫이라고 한다. 그 가운데서도 특히 '임금과 신하 사이에 마땅히 지켜야 할 도리가 있다'는 군위신강, '아버지와 자식 사이에 마땅히 지켜야 할 도리가 있다'는 부위자강, '어른과 어린이 사이에 지켜야 할 차례와 질서가 있다'는 장유유서는 노인과 윗사

[사진 06] 〈가을동화〉에서의 '인' 유전
자형 '아름다움'; 백혈병에 걸린 은서를
헌신적으로 사랑하는 준서와 태석

람을 공경하는 마음과 자세를 이야기하는 유교의 삼강오륜적 가치다.

공경恭敬은 사양지심의 단서인 예禮의 용用이다. '예'는 공경하는 마음이요, 천리天理의 절문節文이다〔禮者, 心之敬而天理之節文也〕(陳淳, 2005: 86~87). 드라마 〈사랑이 뭐길래〉(MBC)에서 지은(하희라 분)의 아버지 창규(김세윤 분)는 투정이 심한 어머니 진숙(여운계 분)과 두 분 이모 선숙(강부자 분)과 미숙(사미자 분)을 정성스럽게 모신다(4회, 〔사진 07〕 좌). 노인공경의 모범이라고 할 수 있다.

유학을 결심한 지은(하희라 분)은 순종을 원하는 대발(최민수 분)과는 결혼을 할 수 없다고 버틴다. 한편, 대발은 지은이가 유학을 떠나면 '아버지 병호(이순재 분)의 명령으로 아무나하고 결혼을 해야만 한다'고 말을 던지며 가 버린다. 물론, 이 말은 결혼을 할 수 없다고 버티는 지은에 대한 엄포일 수 도 있다. 그러나 이 말 속에는 자식으로서 아버지의 명령에 복종해야 하는 수직적인 어른공경, 노인공경의 마음 자세가 깔려 있다(6회).

또, 설날 아침 대발과 지은은 아버지 병호(이순재 분)와 어머니 순자(김혜자 분)에게 세배를 드린다. 세배는 공경의 마음을

[사진 07] 〈사랑이 뭐길래〉에서의 '예' 유전자형 '노인공경'; 세 노인을 모시는 박 이사(좌)와 큰아버지께 깍듯이 예를 갖추는 이 사장 집안 사람들(우)

드러내는 행위다(18회). 신혼여행에서 돌아온 지은과 대발은 세 분 할머니와 지은의 부모 심애와 창규에게 인사를 드린다. 이 또한 노인공경, 어른공경의 모습이다(20회).

큰아버지가 오시는 날, 아버지 병호를 비롯해 대발네 온 가족은 그 분 앞에 무릎을 꿇고 앉는다. 이같은 행위는 웃어른에 대한 극極공경의 예를 보여준다(24회. [사진 07] 우). 물론, 민주적 · 수평적 환경에서 자란 며느리 지은은 이를 이해할 수 없다. 그러나 전통적 · 수직적 환경에서 자란 대발에게는 단지 미풍양속일 뿐이다.

〈사랑이 뭐길래〉 제24회

#안방

백부　너 이놈!

병호　예…

백부　니 애비가 저 죽은 다음 큰애비는 아무데도 쓸데없는 물건 이니까 그렇게 하라고 유언하든?

병호　아닙니다, 백부님. 어떻게 그런 일이… 제가 그만…

백부　늙고 병들면, 자식 놈들이 금숟갈로 밥을 떠먹여도, 서글프

기 짝이 없는 신세거늘… 어찌 세상에 하나밖에 없는 조카 놈이 제 큰애비를 능멸한단 말이야…!

병호 죄송한 말씀, 이루 다 형언할 수 없사옵니다. 백부님… 이 저도, 늙어가는 터라 그만 깜…

백부 뭣이 어쩌고 어째?

병호 아… 아닙니다. 그런 게 아니오라…

백부 내 거동이 불편해서 혼인식 거두는 데 참여 못했다만!

병호 예… 예… 저… 혼인식 끝나는 길로 당연히 자식 놈 내외를 백부님께 인사를 올렸어야 하는데. 아, 당신 밥 먹고 뭐해! 내가 깜박했어도 당신…!

백부 너! 이놈의 자식, 너 어따 떠밀어? 떠밀긴!

병호 아이고 잘못했습니다! 백부님.

백부 오늘 오나, 내일 오나, 내일이면 또 오늘은 오겠지. 내일은 오겠지.

병호 잘못했습니다! 백부님. 제 입이 천 개라도 드릴 말씀이 없 사옵니다. 백부님.

대발과 지은 부부는 친정아버지 창규와 어머니 심애 앞에서

기타를 치며 노래를 부른다(53회). 이는 가족 간의 화목을 위해 애써 온 아버지 창규와 어머니 심애에 대한 헌사다. 부모님을 즐겁게 해 드리기 위한 자식들의 어른공경의 행위다. "예禮는 인仁의 나타남"〔禮者仁之著〕이라고 했다. 어버이를 섬기는 이 같은 진실된 바는 예이면서 동시에 '인'의 신信이기도 하다〔所以爲事親之實, 則仁之信也〕(ibid. 95~97).

도덕

사양지심辭讓之心이란 양보하고 남을 배려하는 마음으로 예禮가 나타난 것이다(최영진, 2012: 63~64). 예는 각자의 신분과 사회적 위치에 따라 서로 행하거나 지켜야 할 도리를 뜻한다. 인간이 지켜야 할 도리나 행동 규범을 도덕道德이라고 한다면, 예와 도덕은 같은 맥락에서 이해할 수 있다. 삼강오륜은 도덕과 윤리를 실천하는 유교의 대표적 강령이다. 삼강三綱은 "임금과 신하 사이에 마땅히 지켜야 할 도리〔君爲臣綱〕", "부모와 자식 사이에 마땅히 지켜야 할 도리〔父爲子綱〕", "남편과 아내 사이에 마땅히 지켜야 할 도리〔夫爲婦綱〕"를 강조하는 도덕적 가치다. "아버지는 아들을 사랑하고, 아들은 아버지를 잘 섬겨야

한다[父子有親]", "임금과 신하 사이에는 의리가 있어야 한다[君臣有義]", "남편과 아내 사이에는 엄격히 지켜야 할 구별이 있고[夫婦有別], 어른과 어린이, 윗사람과 아랫사람 사이에는 지켜야 할 차례와 질서가 있고[長幼有序], 벗의 도리는 믿음에 있다[朋友有信]"고 하는 오륜五倫은 사람으로서 지켜야 할 다섯 가지 윤리 규범을 말한다. 아시아인들은 이 같은 사양지심辭讓之心에 기초한 도덕적, 윤리적 예禮 유전자형을 한국 드라마에서 발견한다.

드라마 〈대장금〉의 한 상궁(양미경 분)은 수라간 최고상궁을 뽑는 경합을 준비하면서 제자인 장금(이영애 분)에게 "음식을 만드는 정성과 마음은 다 버리고, 좋은 재료와 비법만 찾아 헤매고 있다"며 크게 꾸짖는다. 그리고 벌로 보모상궁³保姆尙宮이 요양 중인 곳으로 수발을 들러 갈 것을 명한다. 먹는 이를 위해 정성과 마음을 다하는 것이 요리하는 사람의 기본 도리라고 여겼기 때문이다(16회, [사진 08] 좌).

병자들 진단에 나선 장금은 어느 순간 자신이 얄팍한 지식

---

3 조선시대 왕의 자녀를 양육하던 나인들의 우두머리 상궁.

에 기대어 겸허한 마음으로 병의 완전한 모습을 보려 하지 않음을 깨닫는다.

〈대장금〉 제33회

#혜민서 병사

이제 병사1은 울음을 그친 상태인데⋯ 이때⋯ 초복과 조동⋯ 수련1이 들어온다.

신비 왔어요?

초복 이분들이야?

장금 응. (하면⋯ 초복과 조동 등이 병자들을 진맥하는데⋯ 신비는 이번엔 병증이 같았던 두 번째 환자 곁에서 또 눌러보고⋯ 만져보고 한다. 보는 장금⋯)

신비 배가 언제부터 부풀어 오르셨어요?

병자2 한 일 년쯤 됐나?

신비 (적는다. 그러다가는 병자2의 옆에 있는 작은 봉지를 본다. 열어 보는데) 소금이네요?

장금 (세 번째 병자의 얼굴을 닦아 주다가는 소금이라는 말에 본

[사진 08] 〈대장금〉에서의 '예' 유전자
형 '도덕'; 장금을 교육하는 스승 한 상궁
(좌)과 전의감 교육 책임자인 신익필(우)

다)

병자2 응… 심심할 때 아주 조금씩 먹으려고.

신비 (또 적는다) 또 뭐 다른 거 드신 건 없어요?

병자2 글쎄…

장금 (어느새 다가와) 찻잎이요, 찻잎 드시지 않아요?

병자2 비싸 그렇지 입에서야 땡기지…

신비 (장금을 보고)

장금 흙은요?

병자2 아이구! 내가 흙 먹는 건 어떻게 알아? 안 그래도 우리 남
편한테 혼나는데… (신비, 장금을 본다. 장금… 그제야…
뭔가 깨달은 듯한 얼굴이고…)

신비 왜?

장금 신 교수 나으리 말씀이 맞아…

신비 무슨 소리야?

장금 나는 건방져! 병자의 기온이나 섭생의 주의를 기울이지 않
고, 내 의학 지식만 믿고 병자들을 대해 왔었어. 저… 미안
한데 네가 적은 것 좀 같이 볼 수 있을까?

신비 그야 어렵지 않지만 별 도움이 안 될 거야… 아무거나 다
적어놓아서… (하고는 주면, 장금… 신비가 적은 것을 보

며… 병자들의 진맥을 처음부터 다시 아주 신중하게 하기 시작한다. 얼굴엔 반성의 빛이 가득한 채로… 보는 신비…)

이 또한 의원의 당연한 본분이다. 그런 장금에게 약재 구분 재시험의 기회가 주어지고, 전의감[4]典醫監 교육 책임자인 신익필로부터 "의원은 총명한 사람보다 깊이 있는 사람이어야 함"을 전해 듣는다([사진 08] 우). 의원은 인간에 대한 깊은 성찰과 이해가 있어야 한다. 생명을 다루는 숭고한 직업이기 때문이다(34회). 이것이 의원으로서의 기본 예禮다.

식중독에 걸린 최 상궁(견미리 분)은 오랫동안 그녀가 제거하려했던 장금에게 몸을 맡기고 시료를 받을 수밖에 없는 상황에 놓인다. 장금에게 최 상궁은 아버지 서천수(박찬환 분)와 어머니 박 나인(김혜선 분)의 죽음과 연계된 철천지원수다. 장금 또한 이런 사실을 알고 있다. 그럼에도 불구하고, 장금은 최

---

4 조선시대 궁궐 안에서 쓰는 의약에 관한 일을 맡아보던 관청.

상궁을 시료하기 위해 그녀의 처소에 든다(41회). 이것이 의원의 도리이기 때문이다. 사사로운 감정보다 의원으로서의 도리, '예'가 그녀에게는 선행가치였기 때문이다.

▌ 지智 유전자형是非之心

교육

사리를 잘 판단하는 슬기, 시시비비是是非非를 알아서 확고히 정하는 것, 이것이 지智다[知得是非, 恁地確定, 是智][陳淳, 2005: 88]. 지智는 천명天命이다. 시비지심의 단서다. 그러나 '지'는 교육을 통해서도 얻어질 수 있다. 1980년대 30%대에 머물던 우리나라의 대학 진학률은 1990년대부터 급격히 상승해 2000년대 후반에는 80%대에 이른다. 이런 변화는 드라마에 나오는 등장인물들의 학력에도 그대로 반영된다. 〈사랑이 뭐길래〉의 지은(하희라 분)은 사회학 박사과정을 밟고 있는 대학원생이다. 지은의 여동생 정은(신애라 분)은 약학대학을 졸업한 약사다. 남동생 정섭(김찬우 분)은 삼수 끝에 대학에 진학한 늦깎이 대학생이다. 지은의 남편 대발(최민수)은 의과대학을 졸업한 레지던트 2년차다.

〈질투〉의 주인공 영호(최수종 분)와 하경(최진실 분)은 대학 동창이다. 하경의 친구 채리(김혜리 분)도 같은 대학 동창이다. 〈가을동화〉의 세 주인공 준서(송승헌 분), 은서(송혜교 분), 태석(원빈 분)도 유학을 다녀왔거나 대학을 졸업했다. 〈겨울연가〉의 민형(배용준 분)은 미국에서 공부를 마친 재미교포 2세로 나온다. 유진(최지우 분)은 대학에서 디자인을 공부한 인테리어 디자이너이다. 상혁(박용하 분)은 대학을 졸업한 라디오 PD다. 민형의 연인이었던 채린(박솔미 분)은 프랑스 유학을 마치고 돌아온 패션디자이너다.

이처럼 한국 드라마의 등장인물들은 대부분 대학교육을 마쳤거나, 대학 이상의 교육을 받은 '지'智 유전자형 인물들이다. 아시아인들은 이를 한국의 높은 교육열로 인식하고, 그들의 뇌 속에 이를 한국의 드라마밈으로 복제, 저장한다. 〈대장금〉의 주인공 장금(이영애 분)의 교육열 또한 대단하다. 어린 시절 수라간 궁녀로 입궐해 의녀醫女로 성공하기까지 그녀의 파란만장한 일대기를 그린 〈대장금〉은 배움에 대한 욕구가 실현되어 가는 과정이라고 해도 과언이 아니다.

명나라에서 온 금계金鷄를 잃어버린 사건과 연루 돼 장금은 수라간에서 다재헌多栽軒으로 쫓겨난다. 다재헌은 궁중에서 관리하는 약초를 재배하는 곳이다. 그 곳에서 장금은 오랫동안 아무도 해 내지 못한 백본百本(황기)의 재배에 성공한다(〔사진 09〕 좌). 이는 장금의 교육적 탐구열을 보여주는 좋은 사례다.

〈대장금〉 제7회

#52 채마밭 일각

별감과 바지들이 앉아있는데, 장금이 물통을 들고 힘겹게 오고 있다. 그렇게 장금이 이랑골로 발을 내딛으려는데…

운백   (E)잠깐! (하고 소리를 지르며 내딛으려는 장금의 발을 막아선다. 놀라는 장금… 다른 사람들도 놀라 보고…)

장금   왜 그러십니까? (운백… 이랑에 앉아 뭔가를 본다. 장금도 같이 본다. 보니… 이랑골에서 아주 조그맣게 떡잎이 뾰죽이 나와 있다.) 이건…

운백   …

별감   (어느새 모두들 몰려와) 백본 잎 아냐?

모두   그런 거 같은데요… (하며 모두들 한 마디씩 떠들고… 장금… 땅에 무릎을 꿇고는 앉아 잎을 본다. 그러고 보니…
이랑골에 아주 작은 잎들이 조금씩 많이 나 있다. 보는 장
금… 너무 좋아 눈물이 날 것 같다.)

바지2 (그제야) 어… 저기도 났다.

바지3 저기도… (보는 사람들도 뭐라 말을 못하면서 찡하다. 보
는 운백.)

　　중종 임금의 원자마마가 대령숙수 강덕구가 올린 보양닭죽
을 먹고 쓰러지는 엄청난 사건이 발생한다. 장금은 그 원인이
독이 아니라 보양닭죽에 들어간 인삼이 육두구[5]肉荳蔲의 효능을
순식간에 극대화해 발생하게 된 마비증상이라는 것을 직접 시
식을 통해 밝혀낸다(12회. 〔사진 09〕우). 목숨을 건 장금의 높은
탐구열을 보여 주는 사례다.

5　육두구과에 속한 상록 활엽 교목. 높이는 10~20미터 정도이며, 잎은 두꺼우며,
꽃은 황백색이며 꽃잎이 없다. 종자는 육두구라 하여 동양에서는 약으로 사용하고,
서양에서는 향미료로 사용한다. 몰루카제도가 원산지이며, 아시아 열대 지방에서
재배된다. 학명은 Myristica fragrans이다. http://dic.daum.net/word/view.do? wo
rdid=kkw000199923&q=%EC%9C%A1%EB%91%90%EA%B5%AC

[사진 09] 〈대장금〉에서의 '지' 유전자형 '교육', 교육열; 백본 재배에 성공한 장금(좌)과 마비증상의 원인을 규명하기 위해 자신의 목숨까지도 내놓는 장금(우)의 탐구열

한편, 중종(中宗, 임호 분)이 오리고기를 먹고 쓰러지는 사건이 발생해 장금은 다시 제주도로 쫓겨난다. 그곳에서 궁으로 돌아갈 수 있는 유일한 길이 의술 공부라는 사실을 알게 된 장금은 그때부터 같은 처지의 관비 장덕을 찾아가 의술을 배우기 시작한다. 그리고 마침내 중종 임금의 주치의가 된다. 남자들의 세상인 그 곳에서 최초의 어의녀御醫女가 된 그녀에게는 '대장금'의 칭호가 주어진다(30회).

이 같은 장금의 치열한 교육열을 보면서 아시아인들은 한국의 드라마가 실어 나르는 대표적인 '교육' 밈, 지智 유전자형을 뇌 속에 복제, 저장하게 된다. 이처럼 '화목, 순수, 순애보, 선량함, 아름다움, 노인공경, 도덕, 교육' 등 한국의 드라마가 실어 나르는 밈 유전자형 8개를 사단칠정론의 '성'과 '정'의 관점에서 재분류해 보면, '화목 · 순수 · 순애보 · 선량함 · 아름다움' 등 측은지심 '인' 유전자형 5개, '노인공경 · 도덕' 등 사양지심 '예' 유전자형 2개, '교육' 등 시비지심 '지' 유전자형 1개 등으로 그 유형이 나눠짐을 알 수 있다.

이 같은 밈 유전자형의 사단칠정론적 유형 분류의 결과는 한국의 드라마 밈 유전자형이 측은지심 '인' 유전자형에 집중(62.5%)되어 있음을 확인시켜 준다. 물론, '인'을 확장된 개념으로 해석할 경우, 즉 "인仁이 많은 선善의 으뜸으로 마음의 전덕을 대표한다〔然仁所以長衆善, 而專一心之全德者〕"고 할 때, '의예지'義禮智는 모두 '인' 유전자형으로 볼 수 있다〔知仁兼統四者, 義禮智都是仁〕(陳淳, 2005: 92~94). 다시 말해 '예' 유전자형인 '노인공경'은 노인을 사랑하는 측은지심 '인'이 사양지심의 '예'로 나타난 것으로 볼 수 있다('인'의 '예'). 효도와 공경, 즉 효제孝弟도 '인'의 실상이다〔孝弟, 便是箇仁之實〕(ibid. 105). 이 또한, '노인공경'을 '인'의 실상으로 볼 수 있게 해주는 근거가 된다. 이처럼 '인'을 전덕全德의 관점에서 볼 때 한국의 드라마 밈 유전자형이 갖고 있는 가치는 모두 '인' 유전자형으로 귀결될 수 있다. 그러나 이번 『미래의 한류』에서는 한국의 드라마밈이 갖는 확장성을 좀 더 세부적으로 논의하기 위해 '인'을 '전덕'의 관점이 아닌 개별적 사성四性의 관점에서 고찰한다.

밈 표현형의 사단칠정론적 유형

▌ 인仁 표현형惻隱之心

평민화와 편안함

한국 드라마에서 중국인들이 발견하는 '평민화'平民化라는 밈 표현형은 드라마가 '보통 사람들의 일상을 있는 그대로 보여 준다'는 것을 뜻한다. 우리들의 가족 이야기가 '있는 그대로' 드라마에 나온다는 것이다. 할아버지, 할머니, 아버지, 어머니, 형, 동생, 손자 등 보통 가정의 가족 구성원들이 모두 드라마의 주인공이 돼서 나온다는 것이다.

이 같은 '평민화'가 한국 드라마의 대표적인 밈 표현형 가운데 하나가 될 수 있었던 것은 중국과 같은 아시아 지역의 여러 공산주의 국가 시청자들이 '평민화'된 드라마를 일찍이 경험해 본 적이 없기 때문이다. 이들 국가에서 드라마는 단지, 공산주의 이데올로기를 교육, 확산시키는 프로파간다propaganda 수단일 뿐이었기 때문이다.

이처럼 보통 사람들의 이야기를 TV에서 본 적이 없는 아시아 시청자들에게 보통 사람들의 이야기를 들려주는 한국 드라마는 엄청난 충격이었던 것이다. '평민화'가 가장 잘 구현되어 있는 드라마 중의 하나인 〈사랑이 뭐길래〉가 중국시장에서 특히 높은 시청률을 기록할 수 있었던 것도 바로 그런 이유에서다.

〈사랑이 뭐길래〉는 결혼을 앞둔 젊은 청춘 남녀와 서로 문화가 다른 이들 남녀 주인공들을 둘러싼 양가 어르신들 사이에서 벌어지는 어디서나 있을 법한 소소한 사건들을 다루고 있다. 여자 주인공 지은(하희라 분)은 남자 주인공 대발(최민수 분)에게 프러포즈를 한다. 여자의 청혼이 흔치 않던 시절이다. 그런데 대발은 지은의 청혼을 거절한다. 여자에 대해 별 관심이 없다. 청혼을 거절당한 지은은 유학을 결심하고, 아버지 창규(김세윤 분)와 어머니 심애(윤여정 분)의 허락을 받는다. 이모할머니 선숙(강부자 분)과 미숙(사미자 분), 시어머니 진숙(여운계 분) 등 세 노인을 모셔야 할 처지가 된 지은 어머니 심애는 집안 일이 너무 바빠 모임에 나갈 수 없게 되자 동창인 순자(대발 엄마)에게 전화를 걸어 회비를 대신 전해달라고 부탁한다. 심사가 뒤틀린 순자는 심애의 속을 긁어 놓는다. 이때까지도 심애(지은 엄마)와 순자(대발 엄마)는 서로가 곧 사돈이 될 것이라는 사실을 모르고 있다(5회).

지은의 유학 소식에 뒤늦게 결혼을 결심한 대발은 지은을 만나 청혼을 하고, 청혼을 받은 지은은 유학을 포기한다. 유학을 가겠다던 지은의 갑작스런 유학 포기와 결혼 발표는 아버지 창규와 어머니 심애를 놀라게 한다. 특히, 남자 쪽 집의 반대를 수용해 결혼하면 박사 과정도 그만두겠다는 지은의 생각을 심애는 도저히 이해할 수가 없다.([사진 10] 우)

〈사랑이 뭐길래〉 제7회

#안방

창규 어떻게 그런 중대 선언 시간을 이렇게 고약하게 잡니. 응?

　　　어쨌든, 사안은 사안이니만큼 시간을 따질 때가 아닌 것

[사진 10] 〈사랑이 뭐길래〉에서의 '인' 표현형 '평민화'; 사돈이 될지도 모르고 심애의 마음을 긁어놓은 순자(좌), 공부를 계속하게 해 주지 않으면 결혼시킬 수 없다는 심애(우)

같구나. 여보, 당신 생각은 어때요?

심애 다시 한 번 말해 줄래?

지은 결혼하겠다구.

심애 결혼하겠다?

창규 그건 낭보야 여보.

심애 나이 찬 딸자식 결혼하겠다는 걸 비보로 생각하는 엄마는
      없어요.

창규 그렇지.

심애 근데, 공부는 어떻게 한다고?

지은 그만둔다고.

심애 이것도 낭보에요?

창규 아니, 그건 약간 실망스러운 소식이오.

심애 약간 실망스러운 정도에요?

창규 아… 약간보단 더 약간 더 실망스러운…

심애 그래, 결혼하겠다는 결정 자체는 좋아. 상대가 어떤 인물인
      지 아직 아무 정보도 없어서 잘은 모르겠다만, 어쨌든 엄
      만 니 수준을 믿으니까. 상대가 어떤 사람인가는 나중으로
      돌리고. 근데, 왜 공부를 그만둬야 하니?

지은 그게, 엄마.

심애 응? 너 스스로 설정했던 목표 아니야?

지은 응.

심애 근데

지은 그게 엄마

심애 니가 타고난 두뇌, 자질, 그 동안에 투자했던 시간, 노력 그런 거 아깝고 분하지도 않아?

지은 아깝고 분해.

심애 근데 왜 공부를 그만둔다니?

지은 내가 공부를 계속하는 걸 원하지 않아.

심애 누가?

지은 그 사람이.

심애 니가 결혼하겠다는 사람이?

지은 응.

심애 그래서, 공부를 도중하차 하겠다는 이유가 단지 그거니? 그 남자가 싫어하기 때문에?

지은 응.

심애 (기가 막혀 한다)

창규 남자는 그래~ 여자가 공부 많이 하는 거 싫을 수도 있지. 그래~

미래의
한류

심애 누구보다 잘 이해하겠구려! 나 중퇴시킨 양반이니까.

창규 아니, 그거야 하루 빨리 당신이랑 같이 있고 싶어서 그런
      거지. 아, 당신 그렇게 날 전근대적인 남자로 몰지 말아요.

심애 그래, 그런 전근대적인 남자는 도대체 뭐하는 사람이며 몇
      살이니?

지은 나랑 동갑이고,

창규 동… 동갑이야?

지은 지금 레지던트야.

창규 오~ 레지던트?

심애 솔깃해 할 거 없어요. 레지던트가 아니라 대학병원장이래
      도 하던 공부 중단하라는 그런 구시대 유물한텐, 내 딸 안
      줘요.

지은 엄마!

심애 너는 공부해야 해. 무슨 일이 있어도 공부해야 한다고. 너
      희 학과장님이랑 교수님들 다 니가 실망시켜 드릴래? 응?
      얘는 공부 끝까지 계속해 줬으면 하는 애들은 홀랑 결혼해
      서 그 좋은 두뇌랑 자질 푹푹 썩히고, 얘는 빨리 시집이나
      가졌으면 하는 애들이 거꾸로 죽어라 공부하겠다는 거 답
      답하단 말씀도 잊어버렸니?

지은 엄마…!

심애 너는 교수님들이 다 같이 공부해 줬으면 하는 애야. 공부해
     야 해.

지은 그럼 결혼할 수가 없는 걸?

심애 그 결혼 그만두면 될 거 아니야? 뭐가 걱정이야?

지은 하고 싶은 걸?

심애 결혼을?

지은 결혼을…

심애 공부는 하기 싫고?

지은 휴… 엄마 진짜 답답해 죽겠네, 공부 계속하겠다, 그러면
     결혼 안 해 준다, 그런단 말이에요!

심애 안 해 준다? 안 해 주다니? 너 어째 말이 그러니?

지은 어쨌든 엄마, 난 결심했어. 그 남자를 잃고 공부를 하느냐,
     공부를 얻고 그 남자를 잃느냐 중에 그 남자를 선택했다구.

심애 왜? 왜 그래야 해?

지은 엄마…!

심애 공부도 하고 결혼도 하고 두 가지 동시에 할 수도 얼마든지
     있는데, 왜 그런 말도 안 되는…!

지은 사랑하니까 그렇죠, 엄마.

심애   너…! 너 공부 방해된다고 같이 공부하는 남자도 싫다고
　　　머리 흔들던 니가…! 아니! 아닌 밤중에 홍두깨도 분수가
　　　있지. 너 왜 이러는 거야? 니가 어떻게 하다 이렇게 됐니,
　　　응? 왜 이래? 얘, 지은아! 솔직히 말해 봐, 엄마 뭐든지 다
　　　이해해, 다 이해할 자신 있다. 응?

지은   사랑한다니깐! 사랑해서 그래. 실망시켜서 미안해 엄마. 아
　　　빠 죄송해요. 나도 어쩔 수가 없는 걸 어떻게 해… 헤어질
　　　결심도 했었어. 그치만 막상 헤어져 놓고 나니깐 불행해서
　　　견딜 수가 없던 걸. 왜 아빠한테 여권 수속해 달라고 했는
　　　데, 모든 걸 다 잊고 떠나려 했던 거란 말이야.

심애   그런데?

지은   그런데… 아무래도 안 되겠어서 마음을 바꿨어. 바꿨더니
　　　그 순간부터 불행하지 않아. 엄마는 내가 불행하길 원해?
　　　뭐든지 다 이해하잖아 엄마. 이해해 줘.

심애   당신은 출근 했어요?

창규   이럴 땐 출근하고 없는 것처럼 가만히 있는 게…

심애   엄만 싫다. 우선, 난 걔가 마음에 안 들어. 여자 공부하는
　　　거 싫다는 그 한 가지 점만으로도 난 걔가 싫어. 내 사위로
　　　들이고 싶은 생각 털끝만큼도 없어.

마침내 심애는 공부를 계속하게 해 주지 않으면 결혼을 시킬 수 없다고 남자 쪽 집 대발네를 향해 선전포고를 한다(8회). 이런 사소한 일상적 줄다리기의 밑바닥에는 가족에 대한 깊은 사랑이 깔려 있다. '평민화'를 측은지심 인(仁) 표현형으로 분류한 이유가 여기에 있다. 가족 간의 사랑을 전제로 하기 때문이다. "인(仁)은 만물일체萬物一體를 실천하는 것이므로 남과 나를 구별하지 않고, 남을 나처럼 여기는 마음의 상태"다(이기동, 2012a: 51). 대발에 대한 지은의 사랑이 바로 그런 모습을 보여 준다.

"한국 드라마는 대부분 골치 아픈 주제를 다루고 있지 않다. 가볍고 재치 있는 말투로 극이 진행되기 때문에 방송할 때 번역과 성우들의 연기가 중요한 몫을 차지한다. 편안한 한국 드라마를 보면 화목한 사회란 설교와 쟁론이 아니라, 우리 주변의 도덕과 문화로 만들 수 있음을 느끼게 해 준다(고뉴스, 2005.10.27)". 이처럼 한국 드라마를 보고 아시아인들은 '편안함'이라는 밈 표현형을 발견한다. '편안함'이라는 밈 표현형은 마음의 여유에서 온다. 드라마를 제작한 한국인들의 체질적 본성이 겉으로 드러난 것이다. 그렇다면 이런 본성은 어디서 연유한 것일까?

공자는 사람의 유형을 인자仁者와 지자知者로 구분한다. 인자는 마음을 중시하는 사람으로, 하늘에 바탕을 두고 사는 사람이다. 지자는 몸을 중시하는 사람으로, 땅에 바탕을 두고 사는 사람이다(이기동, 2010: 92). 마음을 중시하는 사람은 양陽의 성격을 갖고 있고, 몸을 중시하는 사람은 음陰의 성격을 갖고 있다. 몸을 중시하면 사람은 서로 몸이 살아가는 데 필요한 물질을 차지하기 위해 다투는 존재가 된다. 그러나 마음을 중시하는 사람은 하늘에 바탕을 두고 천명天命에 따라 살고자 하기 때문에 마음이 여유롭고 다툼이 없다.(ibid. 100~105) 다툼이 없다는 것은 남을 나처럼 사랑하는 측은지심의 단서, 즉 '인' 유전자형을 가지고 있다는 것을 의미한다.

[표 01] 국가와 음양의 관계[6]

---

6 국가적으로 볼 때 건괘에 해당하는 전형적인 나라가 한국이라면, 곤괘에 해당되는 전형적인 나라는 일본이다. 그리고 중국을 포함한 다른 나라들은 나머지 괘에 해

2장 · 한류밈의 사단칠정론적
유형 분류와 확장성

더욱이 한국은 양陽의 방향으로 가장 끝에 위치한 진정한 의미의 양의 나라다([표 01] 참조). 그 나라에 뿌리를 둔 우리는 당연히 하늘에 바탕을 둔 양의 성격을 갖게 된다. 아시아인들이 한국 드라마를 통해 발견한 밈 표현형 '편안함'은 바로 이런 천명, 즉 남을 나처럼 사랑하는 한국인들의 성性, 측은지심의 단서인 '인' 유전자형에 기반한다.

미남미녀 배우

아시아인들이 한국 드라마를 즐겨보는 가장 큰 이유 중의 하나는 드라마에 등장하는 미남미녀 배우들 때문이다(한국관광공사, 2003). 일본인 저술가 이토오 준코는 드라마 〈겨울연가〉의 주인공 배용준(준상, 민형)과 최지우(유진)에 대해 "배용준은 서구적 얼굴선, 부드러운 미소, 목소리, 그리고 최지우는 큰 키, 흰 피부를 갖고 있어 마치 '화성에서 온 사람' 같은 절대적 신

당한다고 볼 수 있다. 모든 나라들을 음과 양을 끝으로 하는 그라데이션 위에 배열한다면, 한국은 양의 방향으로 가장 끝에 존재하고, 일본은 음의 방향으로 가장 끝에 존재하며, 다른 나라들은 그 사이에 존재한다(이기동, 2010: 101).

비감을 준다"고 분석한다(조선일보, 2005.10.01: [사진 11] 좌). 〈겨울연가〉를 본 일본의 중년 여성들은 한국 배우에 대해 "키가 크고 지적이면서 수려한 외모에다가 예의 바르고 순수한 이미지와 감정표현이 풍부한 스타"라고 표현한다(삼성경제연구소, 2005: 35~36).

이처럼 일본 여성들이 한류 스타에 매료되는 이유는 '얼짱', '몸짱'을 기본으로 하는 한국 남자 배우들의 수려한 외모와 "일본 남성에게서는 찾아보기 힘든 강인하면서도 자상한 매력 때문"이라는 분석이다. 자기 의사를 지나치리만큼 나타내지 않는 일본 남성들과 달리, 드라마 속의 한국 남성들은 일편단심, 자신의 사랑을 직선적으로 표현하는 카리스마를 보여 주어 일본 여성들을 압도한다(방정배 외, 2007: 101).

〈가을동화〉의 준석(송승헌 분)과 태석(원빈 분), 〈겨울연가〉의 준상(배용준 분)과 상혁(박용하 분) 등과 같이 신체 조건이나 집안 배경이 아주 뛰어난 거의 완벽한 모습의 남자 주인공들이 등장하고, 〈사랑이 뭐길래〉의 지은(하희라 분)과 〈대장금〉의 장금(이영애 분)과 같이 당차고 강한 성격 혹은 〈겨울연가〉의 유진(최지우 분)과 〈가을동화〉의 은서(송혜교 분)와 같이 연약하고 가련한 형상의 여자 주인공들이 등장해 아시아인들의 시선을 사로잡았다. 이것이 아시아인들의 뇌 속에 복제, 저장되어 한국 드라마의 대표적인 밈 표현형으로 '미남미녀 배우'를 꼽게 한다.

그러나 더 중요한 것은 이들 배우의 아름다움을 아름다움으로 인식할 수 있는 아시아인들의 아름다운 마음이다. 아시아인들이 남을 나처럼 사랑하는 '인仁'의 마음을 가지고 있지 않았다면, 한국 드라마의 '미남미녀 배우' 밈은 만들어질 수 없었다. '인'은 사랑의 뿌리요, 측은惻隱은 그 뿌리에서 돋아난 싹이요, 사랑은 싹이 무성하게 자라서 성장한 것이다〔仁乃是愛之根, 而惻隱則根之萌芽, 而愛又萌芽之長茂已成者也〕(陳淳, 2005: 85). 한국 드라마의 대표적인 '미남미녀 배우' 밈은 결국 아시아인들의 마음의 뿌리인 '인'이 측은惻隱의 과정을 거치며 성장해, 사랑으로 만개한 아시아인들의 마음의 '인' 표현형이라고 할 수 있다.

진실, 자연스런 연기

진실眞實은 "거짓 없이 바르고 참됨"을 뜻한다. 그러나 드라마 밈 표현형으로서 아시아인들이 이야기하는 한국 드라마에서의 '진실'은 배우들의 '거짓 없는 연기'를 뜻한다. 아시아인

[사진 11] 〈겨울연가〉(좌)와 〈가을동화〉
(우)에서의 '인' 표현형; '미남미녀 배우'

들은 한국의 드라마가 보통 사람들의 삶을 있는 그대로 보여준다고 보고 있고, 이것이 배우들의 거짓 없는 연기에 의해 겉으로 잘 표현되고 있다고 인식한다. 아시아인들이 뇌 속에 복제, 저장하고 있는 이런 한국 드라마에 대한 생각idea, 즉 밈 유전자형이 배우들의 거짓 없는 연기에 의해 겉으로 드러나 보이는 것이 한국 드라마의 밈 표현형 '진실'이다.

그런 의미에서 '진실'은 아시아인들이 인식하고 있는 한국 배우들의 '자연스런 연기'와도 맥이 닿아 있다. 그들은 한국 배우들이 극중의 생활을 마치 현실 속의 생활처럼 있는 그대로 재현해 내고 있다고 본다. 대사와 동작이 실생활의 모습 그대로라고 그들은 인식한다.

〈사랑이 뭐길래〉에서 며느리 지은(하희라 분)을 맞이한 자린고비 시아버지 병호(이순재 분)는 며느리를 위해 목욕탕도 새로 짓고, 화장실도 수세식으로 고치는 등 공사를 시작한다. 순자(김혜자 분)는 그런 남편 병호가 얄밉다. 아들 대발(최민수 분)은 임신한 아내(하희라 분)를 대신해 당분간 연탄불을 갈겠다고 아버지 병호의 허락을 받는다([사진 12] 좌). 아버지 병호는 이를 아내 순자에게 대신하라고 명령한다. 애기를 가진 며느리를 위해 스스로 알아서 연탄불을 갈고 있던 시어머니 순자는 갑

자기 남편 병호 앞에서 다 탄 연탄을 내동댕이친다(37회. [사진 12] 우).

〈사랑이 뭐길래〉 제37회

#안방

대발 아버지 우선 있죠, 저… 탄불 가는 게 영 고역 중에선 산고 역이니까 딴 건 다 그만두더라도 당분간 탄불은 제가 좀 거두겠습니다. 양해하세요. 아버지, 어머니.

순자 너희 아버지 아무 말씀 안 하시는 거 보면 해서는 안 된다는 대답이시다. 못마땅하다는 뜻이야.

대발 아… 저 그게, 아버지 손자 두뇌에 나쁜 영향이라도 끼칠까 하는 노파심이 들어서요… 예? 아버지. 저 그럴 일은 없지만요~ 만에 하나 이 사람이 탄을 갈다 쓰러지기라도 하면…

병호 걱정 마라, 니 엄마도 그게 걱정이 된다고 니 엄마가 갈기로 했다.

– 중략 –

[사진 12] 〈사랑이 뭐길래〉에서의 '인' 표현형; '진실', '자연스런 연기'

#마당

화장실에서 나오는 병호, 연탄불을 갈러 부엌에 가던 순자.

순자 이~씨! (연탄불을 내팽개친다.)

이처럼 어느 가정에서나 있을 법한 소소한 갈등과 사건을 있는 그대로 겉으로 드러내 보여 주는 '진실; 거짓 없는 연기', '자연스런 연기'는 드라마 속 '인물'(캐릭터)에 대한 한국 배우들의 깊이 있는 성찰과 사랑을 전제로 한다. 성찰과 사랑 없이는 진실된 연기가 겉으로 드러나 보여질 수 없기 때문이다. 인물에 대한 사랑은 내가 표현해야 할 대상, 즉 극중 '나'에 대한 사랑이다. 밈 표현형 '진실'과 '자연스런 연기'를 측은지심의 단서인 '인' 표현형으로 분류할 수 있는 이유도 극중의 '나'를 배우인 인간 '나'처럼 사랑할 수 있어야만 그런 진실, 거짓 없는 연기, 자연스런 연기가 가능해지기 때문이다.

패션과 유행선도

"한국 드라마 속의 인물들은 할머니 할아버지들까지도 아름답다. 화장, 의상, 그리고 인물의 대화까지도 모두가 시청자들의 눈과 귀를 자극한다(고뉴스, 2005.10.27)." 아시아인들의 이같은 한국 드라마에 대한 인식은 이들의 뇌 속에 이미 복제, 저장되어 있는 한국 드라마의 밈 유전자형이다. 동시에 이는 '패션'과 '유행선도'라는 밈 표현형으로 다시 그들의 현실 속에서 부활한다.

준상(배용준 분)이 〈겨울연가〉(KBS)에서 입고 나온 베이지색 롱코트([사진 13] 좌)와 폴라스웨터, 꽈배기 머플러[사진 14]가 유행하고, '바람머리'라고 불리는 그의 자연스런 파마머리와 머플러 매는 법[7] 등이 크게 유행을 했다. 여주인공 유진(최지우 분)은 '최지우 목걸이'를 유행시키기도 했다. 차가워 보인다는 이유로 겨울철에는 은색목걸이를 기피했던 많은 패션 리더들

---

7 ①한쪽은 짧게, 다른 한쪽은 길게 목에다 건다. ②긴 쪽으로 목을 한번 감으면 돼지 꼬리 모양이 된다. ③감지 않은 쪽의 목도리를 돼지 꼬리의 원 안으로 살짝 공간을 두고 넣는다. ④공간이 생긴 곳으로 목을 감은 목도리 쪽을 교차하듯 넣어서 당긴다.

[사진 13] 〈겨울연가〉와 〈가을동화〉에서의 '인' 표현형; '패션'—배용준의 베이지색 롱코트(좌)와 '유행선도'—송혜교의 민낯화장(우)

[사진 14] 〈겨울연가〉의 머플러를 맨 배용준

도 '최지우 목걸이' 이후, 순수하고 깨끗해 보인다며 너도나도 이를 하고 거리를 활보했다.

여주인공 은서(송혜교 분)는 〈가을동화〉(KBS)에서 청순한 이미지의 '민낯화장'([사진 13] 우)을 유행시켰다. '화장하지 않은 듯한 화장'이 은서의 순수한 이미지와 맞아 떨어지면서 '뷰티 한류'의 시작이 되기도 한다. 〈대장금〉(MBC)은 전 세계에 한식과 한복을 유행시키고, 주인공 장금(이영애 분)의 단아한 이미지는 '이영애 성형수술'이라는 신조어를 만들어내기도 한다.

이처럼 드라마 속 인물 '따라 하기'는 극중 인물과 그 인물을 연기하는 배우에 대한 시청자들의 무한 신뢰와 사랑 없이는 이루어지기 어렵다. 극중 인물과 일체가 되고 싶어 하는 아시아 시청자들의 로망이 겉으로 드러나 보여지는 행태, 즉 '따라 하기'의 결과는 극중 인물과 배우에 대한 사랑의 표현이고, 인을 실천하는 시청자들의 '인' 표현형이다.

아름다운 화면과 이국적 정취

드라마를 메인스트림으로 한 1차 한류시대(1987~2010)의 티핑포인트가 된 5편의 드라마[8] 가운데 〈질투〉(MBC), 〈가을동화〉(KBS), 〈겨울연가〉(KBS)는 장르 구분상 트렌디드라마에 속한다. 1980년대 후반 일본에서 시작된 트렌디드라마는 1990년대 우리나라의 X세대[9]와 맞닿아 있다. 본래, 감각과 분위기 위주의 시각적 볼거리를 지향하는 드라마로 영상미학적 측면에서 특히, 기존의 드라마와는 차별화 된다.

드라마 〈질투〉의 마지막 포옹 장면은 20여 년이 훌쩍 지난 지금까지도 많은 이들의 기억 속에 남아 있다. 여주인공 하경(최진실 분)은 미국 연수에서 돌아오자마자 영호(최수종 분)를 찾는다. 그러나 집은 이사했고, 그와의 연락이 닿지 않는다. 우연히 영애(이응경 분)의 피자 가게 앞에서 아이를 안고 나오는 그를 발견한 하경은 영호와 영애가 결혼을 했다고 생각한다(15

---

8 〈질투〉(MBC), 〈사랑이 뭐길래〉(MBC), 〈가을동화〉(KBS), 〈겨울연가〉(KBS), 〈대장금〉(MBC).

9 쿠플랜드(Coupland)의 장편소설 『Generation-X』(1991)에서 유래된 용어다. 주인공들은 중산층 가정에서 자라나 배울 만큼 배웠고 성공할 수 있는 조건을 갖춘 미국의 젊은이지만 미래는 암울하고 어쩌면 원자폭탄의 섬광 속에 종말을 맞게 될지도 모른다고 생각한다. 때문에 출세나 가족, 돈 등에는 전혀 관심이 없고, 시간제 일을 하고 여가를 보낸다. 직업적인 성공 없이도 좋은 친구들을 가질 수 있다는 점을 강조한다. http://s.hankyung.com/dic/searchList.php?seq=5484

회). 다행히 그 아이가 다른 사람의 아이라는 것을 알게 되지만, 여전히 둘은 사랑하는 마음을 표현하지 못하고, 친구도 연인도 아닌 어정쩡한 관계를 유지한다.

그러다가 하경의 엄마(김창숙 분)가 그녀를 데리고 미국으로 돌아가려고 하자, 그때서야 영호는 이별을 고하는 하경에게 곁에 있어 달라고 청한다. 사랑을 확인한 두 사람은 마침내 긴 포옹을 한다(16회). 이 장면에서 원을 그리며 계속해서 이들의 포옹을 팔로우잉하는 격정적인 카메라 워크는 주인공들의 심리를 극적으로 표현해준 것으로도 유명하다(〔사진 15〕 좌).

은서(송혜교 분)와 준서(송승헌 분)가 어린 시절 자전거를 타고 학교에 가던 아름다운 가로수 길, 둘이서 내리던 비를 피해 앉아 있던 낡은 농협 건물, 은서네 집, 속초 아바이마을, 그리고 줄을 당겨야만 앞으로 가는 갯배를 타고 가던 은서, 햇빛 좋은 날 상운폐교 창가에 앉은 은서와 준서의 모습 등을 보여 주는 〈가을동화〉의 영상은 마치 한 편의 동화를 보는 듯한 착각을 불러일으킨다. 특히, 과거와 현재의 연결을 상징적으로 처리한 '터널입구' 장면(〔사진 15〕 우)은 '아름다운 화면'의 백미라고 할 수 있다.

눈[雪]과 겨울이라는 계절적 이미지를 슬픈 멜로드라마 위에

[사진 15] 〈질투〉와 〈가을동화〉에서의 '인' 표현형 '아름다운 화면'; 영호와 하경의 긴 포옹[10](좌), 자전거를 타고 터널을 지나는 은서와 준서[11](우)

---

10 원을 그리며 회전하는 카메라 워크의 역동성이 처음으로 서로의 사랑을 확인한 주인공들의 심리적 상태를 잘 표현해 주고 있다.

11 과거와 현재를 연결해 주는 '터널'의 흑백 대비가 환상적인 이미지를 만들어 낸다.

[사진 16] 〈겨울연가〉와 설경의 아름다움

채색한 드라마 〈겨울연가〉는 대만, 홍콩, 베트남, 태국, 말레이시아, 필리핀 등과 같이 '눈'을 볼 수 없는 아시아 지역의 시청자들에게 '아름다운 화면'과 함께 '이국적 정취'라는 한국 드라마에 대한 환상적 믿을 갖게 한다(〔사진 16〕). 이처럼 한국 드라마에 내재된 '아름다움'이 측은지심의 단서인, '인' 유전자형이라면, '아름다운 화면'과 '이국적 정취'는 겉으로 드러난 한국 드라마의 오브제에 대한 아시아인들의 사랑으로, '인' 표현형으로 규정될 수 있다.

▌지智 표현형[是非之心]

정직

한국 드라마의 믿 표현형에서 정직正直은 '생활 속의 윤리와 정신을 어렵고 고상하게 말하려 하지 않고, 쉽고 바르게 보여 줌으로써 보통 사람들의 선량함과 미덕을 생생하게 표현하는 것'을 뜻한다. 다시 말해 아시아인들은 보통 사람들의 이야기를 있는 그대로 '솔직하게' 보여 주는 한국의 드라마를 통해 '정직'이라는 믿 표현형, 다시 말해 사리를 판단하는 시비지심, 지^智 표현형을 발견한다.

며느리 지은(하희라 분)은 옷이 별로 없는 시어머니 순자(김혜자 분)를 위해 새 옷을 사온다. 그런데 시어머니는 며느리 지은의 이런 구입 행위를 낭비라고 지적한다(27회. 〔사진 17〕 좌). 시어머니를 위해 효행을 한 며느리와 이런 행위를 낭비로 인식하는 시어머니의 가치 충돌이 시청자들에게는 시시비비를 가리게 하는 '지'^智 표현형으로 다가온다.

〈사랑이 뭐길래〉 제27회

#부엌

지은 저… 어머니, 이거 어머니 거예요. 제가 바바리하고 투피
　　　스 한 벌 샀어요. 어머니 걸루요.

순자 뭐어~?

지은 들어가세요, 들어가서 입어 보시구 마음에 안 드시면 바꾸
　　　셔도 돼요. 그러기로 하고 산 거예요.

순자 아니, 니가 무슨 돈이 있어서~ 대발이가 주데?

지은 아니에요, 제 돈으로 샀어요.

순자 니 돈?

지은 초등학교 때부터 저금해 둔 돈 꽤 있어요.

#안방

지은 자, 보세요. 아마 어울리실 거예요. 평범한 듯 하면서두요,
멋쟁이에요.

순자 니 엄마꺼랑 비슷하다~

지은 비슷한데, 쪼금 달라요. 기장이 약간 길지도 모르지만요,
줄이지 말고 그냥 입으세요. 괜찮아요. 저, 어머니! 그리고
이 투피스요!

순자 애…

지은 네?

순자 너희 엄마 보다 나 보니까 너무 초라해서 그렇지?

지은 그게 아니라… 너무 구식이라…

순자 마음 써 주는 건 고마운데, 너 그렇게 돈을 겁 없이 쓰는
게 아니야. 너… 내가 보기에 이거… 이거 일, 이십만 원짜
리가 아닌 거 같은데… 여자가 야무지지 못하면 살림 거덜
나. 너희 집하고 우리 집하고는 달라. 속 실력은 누가 더 나
은지 모르겠다만, 너 돈을 이렇게 겁 없이 쓰면 어떡하니?

지은 저 야물어요, 염려하지 마세요. 제 선물이에요 어머니.

[사진 17] 〈사랑이 뭐길래〉에서의 '지'
표현형 '정직'; 며느리와 시어머니의 가
치 충돌(좌)과 남편과 아내의 가치 충돌
(우)

순자 　애… 선물 고맙다고 해야 할 텐데, 그 고맙다는 말이 안 나
　　　온다. 너희 아버지한테 혼난단 말이야. 애가 물정 모르고
　　　너 혼나. 벌선단 말이야.

지은 　네, 벌설게요.

순자 　애 이거 한 벌에 저기… 육만 원씩 줬다 그러자. 응?

지은 　네.

순자 　너 다시는 이런 짓 하지 마~

지은 　네~

　담배 심부름 문제로 남편 대발(최민수 분)과 아내 지은은 집
밖 운동장으로 나가 남의 눈치 보지 않고 마음껏 소리를 지르
며 부부싸움을 한다(28회). 어른들이 계신 집에서 젊은 부부가
큰 소리를 내며 싸우는 것은 윗분들에 대한 공경의 예가 아니
기 때문이다. 그래서 대발과 지은은 집 근처 학교 운동장으로
나간 것이다. 이는 가정 내에서 하게 되는 부부싸움의 예禮가
무엇인지를 보여 준다. 운동장으로 가는 것은 공경의 예를 범
하지 않겠다는 도덕적 판단에 따른 것이다.

　싸움의 발단은 남편 대발의 담배 심부름이다. 담배를 피우

고 싶으면 피우는 사람이 사오면 되지, 왜 아무런 관계도 없는 아내에게 심부름을 시키려고 하는가? 민주적·수평적 구조의 가정에서 자란 아내 지은과 전통적·수직적 구조의 가정에서 자란 가부장적 남편 대발 사이의 가치 충돌이 시청자들로 하여금 시비지심을 일으키게 하는 '지' 표현형으로 작동한다.

대발의 아버지 병호(이순재 분)는 막내딸 성실이 밤늦게까지 집에 들어오지 않자 화를 내며 고함을 지른다. 아내 순자는 딸을 감싸주기 위해 병원에 입원한 친구한테 문병 갔다고 둘러 대면서 안절부절못한다(29회). 이 장면은 자녀교육이 집안 살림을 책임지는 아내의 몫이라는 전통적 가치관을 보여 준다. 딸의 늦은 귀가가 아내의 가정교육 부재 때문이라고 보는 것이다.

늦은 시각, 아버지 몰래 숨어 들어온 성실은 광고 촬영으로 몸은 녹초가 되었지만, 마음만은 행복하다. 아버지 몰래 모델 일을 하고 있다는 것이 두렵기도 하지만, 한편으로는 하고 싶은 일을 하고 있다는 자부심이 그녀를 들뜨게 한다. 이런 아버지 병호와 딸 성실의 세대 간 가치 충돌이 시청자들의 눈에는 시시비비의 '지'智 표현형으로 다가온다.

부부싸움을 하고, 친정으로 가 버린 아내 지은을 찾아 대발은 처가를 향한다. 장인(김세윤 분)과 장모(윤여정 분) 앞에서 그는 지은과 부부싸움을 하게 된 경위를 설명한다. 이야기를 듣고 난 장모는 사위 앞에서는 딸을 두둔하고, 사위가 없는 데서는 딸을 야단치며 시댁으로 돌아가라고 나무란다(51회). 이런 장모의 분별력이 아시아인들에게는 한국 드라마가 보여 주는 시비지심 '지'智 표현형으로 다가온다. 그러나 이런 분별력이 또 다른 시시비비를 자극하는 '지' 표현형으로 작동할 수도 있다. 다시 말해 민주적·수평적 가정의 안주인인 심애가 서구적 가치관과 함께 출가외인出嫁外人이라는 전통적 가치관도 같이 수용하는 이중적 행태를 보이기 때문이다.

발전된 경제

드라마를 통해 아시아인들은 한국이 경제적으로 발전된 나라라는 인식을 뇌 속에 복제, 저장하게 된다. 이것이 한국 드라마의 '발전된 경제' 밈이다. 이 밈은 아름답고 화려한 트렌디드라마라는 장르가 보여 주는 시각적 특징과도 연계돼 있다. 앞서 언급한 측은지심 인仁 표현형의 '아름다운 화면'과 '이국적 정취', '패션', '유행선도' 등의 밈이 이에 해당될 수 있다. 작품의 내용과 소재를 통해서도 '발전된 경제' 밈은 획득될 수 있다.

〈질투〉에 나오는 체리(김혜리 분)의 변호사 삼촌(김성겸 분) 사무실, 〈사랑이 뭐길래〉의 지은(하희라 분) 아버지 박창규(김세윤 분)가 다니는 항공사, 〈가을동화〉의 태석(원빈 분) 아버지가 소유한 호텔, 〈겨울연가〉의 민형(배용준 분) 소속사인 마르시안 스키장, 유진(최지우 분)이 공동 대표로 있는 인테리어 회사 폴라리스 등, 극적 공간의 시각적 윤택함과 그곳과 관련된 사람들의 이야기는 삶의 여유, 한국의 '발전된 경제' 밈을 확인할 수 있게 해 주는 근거가 된다.

아시아인들에게 한국 드라마의 '발전된 경제' 밈은 머지않은 장래에 그들이 이룩하게 될 밈 표현형이기도 하고, 그들이 나아갈 지향점이 되어 주기도 한다. 이런 판단이 '발전된 경제' 밈을 시비지심 지[誰] 표현형으로 분류할 수 있는 근거가 되어 준다.

이상과 같이 한국 드라마의 밈 표현형은 '평민화 · 편안함 · 미남미녀 배우 · 진실 · 자연스런 연기 · 패션 · 유행선도 · 아름다운 화면 · 이국적 정취' 등 측은지심 '인' 표현형 9개와 '정직, 발전된 경제' 등 시비지심 '지' 표현형 2개 등으로 유형이

[사진 18] 〈겨울연가〉와 〈가을동화〉에서의 '지' 표현형 '발전된 경제'; 마르시안 스키장(좌)과 태석 부친의 호텔(우)

분류된다. 이 같은 분석결과는 한국의 드라마 밈 표현형이 측은지심 '인' 표현형에 크게 경도(81.8%)되어 있음을 확인시켜 준다. 이는 드라마밈의 인← 유전자형 비율(62.5%)과 비교해도 높은 수치다.

결론적으로, 한국의 전체 19개 드라마밈은 '인' 유전자형 5개, '인' 표현형 9개, '예' 유전자형 2개, '지' 유전자형 1개, '지' 표현형 2개 등으로 구성되어 있다. 밈 표현형이 시청자의 뇌 속에 복제, 저장되어 있는 밈 유전자형의 또 다른 형태라고 할 때, 이를 다시 재분류하면, 한국의 드라마밈은 '인' 유전자형 14개(73.7%), '예' 유전자형 2개(10.5%), '지' 유전자형 3개(15.8%) 등으로 구분된다.

사단칠정론적 유형의 확장성

한국 드라마밈의 사단칠정론적 유형 분류는 '인' 유전자형 73.7%, '지' 유전자형 15.8%, '예' 유전자형 10.5% 등으로 나타난다. 이 분석 결과는 두 가지 사실을 확인시켜 준다.

첫째, 한국 드라마는 수오지심羞惡之心의 단서인 '의'義 유전자형을 가지고 있지 않다는 사실이다. 이는 한국 드라마사에서 아직 '의' 유전자형의 개발이 이루어지지 않고 있음을 의미한다. 이를 달리 해석하면, 한국 드라마가 안고 있는 고질적인 '소재 빈곤'의 문제를 해결하기 위해서라도 '의' 유전자형의 개발이 절실하다는 것이다.

둘째, 드라마밈의 사단칠정론적 유형별 점유율의 높고 낮

음은 한국 드라마밈의 확장성과 반비례한다는 사실이다. 다시 말해 10.5%의 점유율을 보이는 '예'禮 유전자형은 최대 89.5%의 확장성을 가지고 있고, 15.8%의 점유율을 보이고 있는 '지'智 유전자형은 최대 84.2% 확장성을 가지고 있다. 반면, 73.7%의 점유율을 보이고 있는 '인' 유전자형은 최대 26.3%의 확장성밖에는 가지고 있지 못하다. 이 같은 사실은 한국 드라마의 밈 확장성이 아직도 크게 열려있음을 확인할 수 있게 해 주는 근거가 된다(〔그림 02〕 참조). 이는 곧, 한국 드라마의 발전 가능성이기도 하다. 지금까지의 한류 붐이 73.7%의 '인' 유전자형, '인' 표현형만으로 이루어져 왔기 때문이다.

더욱이 '인' 유전자형, '의' 유전자형, '예' 유전자형, '지' 유전자형 등 4개의 기본 유전자형과 '인' 표현형, '의' 표현형, '예' 표현형, '지' 표현형 등 4개의 기본 표현형 도합 8개 이외에도 이들 기본 유전자형과 기본 표현형 내에서 각기 결합될 수 있는 경우의 조합 유전자형과 조합 표현형의 수는 각각 28개씩 56개, 총 64개의 경우의 수가 만들어진다(〔표 02〕 참조).

또, 여기에다 56개의 조합은 '인의예지' 사성의 조합비율이 균등하게 이루어진 조합의 경우로, 사성 사이의 조합비율에 변화를 줄 경우, 새로운 경우의 수는 무한대로 늘어날 수 있

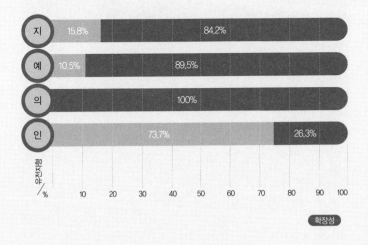

[그림 02] 한국 드라마밈의 확장성

[표 02] '인의예지' 조합 유전자형과 표현형

사성	기본 유전자형	기본 표현형	조합 유전자형		조합 표현형	
인	1	1	인/의 인/예 인/지	3	인/의 인/예 인/지	3
			인/의+예 인/의+지	2	인/의+예 인/의+지	2
			인/예+지	1	인/예+지	1
			인/의+예+지	1	인/의+예+지	1
의	1	1	의/인 의/예 의/지	3	의/인 의/예 의/지	3
			의/인+예 의/인+지	2	의/인+예 의/인+지	2
			의/예+지	1	의/예+지	1
			의/인+예+지	1	의/인+예+지	1
예	1	1	예/인 예/의 예/지	3	예/인 예/의 예/지	3
			예/인+의 예/인+지	2	예/인+의 예/인+지	2
			예/의+지	1	예/의+지	1
			예/인+의+지	1	예/인+의+지	1
지	1	1	지/인 지/의 지/예	3	지/인 지/의 지/예	3
			지/인+의 지/인+예	2	지/인+의 지/인+예	2
			지/의+예	1	지/의+예	1
			지/인+의+예	1	지/인+의+예	1
합계	4	4		28		28
	64					

다. 이는 곧, 한국 드라마의 사단칠정론적 확장성이 무한대로 확대될 수 있음을 시사하는 것이다.

▌ 확장의 방향성

한국의 드라마밈은 무한대의 사단칠정론적 확장성을 가지고 있다. 그렇다면 한국의 드라마밈은 이제 어디를 향해야 할 것인가? 여기서 관심을 가져야 할 것이 한국 드라마밈의 근원적 탄생 배경이다. 드라마밈은 밈의 생산과 소비 둘 사이의 상호 커뮤니케이션이 만들어낸 일종의 가상적hypothetical 복제자다. 따라서 한국 드라마밈의 탄생 또한 밈의 생산과 소비, 두 가지 측면에서 논의될 수 있다.

한국 드라마밈의 생산 측면의 탄생 요인은 우리의 유교 문화적 환경이다. 이기론理氣論과 사단칠정론을 완성시킨 조선시대 우리 선조들의 학문적 성과가 수백 년 간 우리의 생활문화 속에 깊숙이 녹아들었기 때문에 우리는 유교적 드라마밈을 생산해 낼 수 있었다.

한국 드라마밈의 소비 측면의 탄생 요인은 아시아인들의 맑은 기질지성氣質之性이다. 기氣에서 발發하는 기질지성[情]은 발하는 환경의 혼탁 여부[清濁粹駁]에 따라 그 성질이 선과 악으로 변질될 수 있다.[12] 다시 말해 성(性, 유전자형)이 정(情, 표현형)으로 나타나는 순간 이기적인 생각을 하면 이기적인 정(표현형)이 되고, 간사한 생각을 하면 간사한 정(표현형)이 된다. 따라서 한국 드라마를 대하는 아시아인들의 기질지성이 맑지 않았다면, 한국 드라마의 절대선, 본연지성은 왜곡되고 말았을 것이다. 여기서 우리는 한국 드라마밈의 사단칠정론적 확장의 방향성을 찾을 수 있다. 세계인 특히, 아시아인들의 순수한 기질지성이 지금과 같이 맑게 지켜질 수 있도록 한국 드라마밈의 방향성을 설정해야 한다. 보다 구체적인 이유는 제3장 "한류, 무엇을 준비해야 하나?"에서 다루고자 한다.

---

12 이항(李恒)은 "사단은 성(性)이 발한 것으로 순선(純善)하며, 칠정은 이와 기가 함께 발한 것이기 때문에 선과 악이 있다"고 주장했다(최영진, 2012: 67). 이황(李滉)은 '사단=이(理)=순선(純善), 칠정=이(理)+기(氣)=선악(善惡)'이라는 도식을 설정했다(ibid, 71~72).

제 3 장

확장성을 통해 본 미래의 한류

그가 꿈꾸는 유교적 이상향

한국 대중문화의 작은 날갯짓이 시작된 지 28년,[1] 언어기호 '한류'가 세계인들의 입에서 널리 회자되기 시작한 지 16년[2]이 되었다. 그 사이 한류는 세 차례의 크고 작은 위기를 맞기도 한다.[3] 때론 거품이라는 자기비하적인 대접을 받기도 하고, 길

---

1 방송콘텐츠의 해외수출로부터 한류가 시작되었다고 할 때. 그 시작은 한국 최초의 TV애니메이션 시리즈 〈떠돌이 까치〉(KBS)가 프랑스에 수출된 88서울올림픽 직전 해인 1987년으로 볼 수 있다.

2 언어기호 '한류'는 "동풍(東風)도 동점(東漸)할 때가 있다"(1999.11.19)는 중국의 〈북경청년보〉 기사에서 처음으로 쓰이기 시작한다.

3 1차 위기는 2000년대 초, 언어기호 '한류'의 등장 직후; 2차 위기는 2005년 초중

어봐야 4~5년이면 제 수명을 다할 것이라는 냉소적인 반응에 직면하기도 한다. 최근 발행된 한국문화산업교류재단의 「해외 한류실태조사 보고서」(2014) 또한, 한류의 지속 가능성을 4년 정도로 보고 있다.[4] 그런데 신기한 것은 이렇게 단명할 것이라는 주변의 우려 속에서도 한류는 20여 년 이상을 끊임없이 지속해왔고, 오늘도 꿋꿋이 드라마에서 K-pop으로 시장 선도 영역을 교체해 가면서 한국 대중문화의 전지구적 확산을 계속하고 있다. 과연 그 힘의 원천은 무엇일까?

한류는 신화다(박장순, 2007). 인류학자이면서 동시에 사회학자이기도 한 레비스트로스Lévi-Strauss나 바르트Barthes의 신화이론을 차용하지 않더라도 한류는 우리 시대, 우리가 낳은 우리의 신화다. 대중은 흩어져 있다. 흩어진 대중에게 신화를 불어넣으면, 대중은 엄청난 역동성을 발휘한다. 신화의 본성은 영

반, 〈겨울연가〉 신드롬 직후; 3차 위기는 2006년, 〈대장금〉의 대성공 직후(박장순, 2012: 97~100).

4 '한류에 대한 의식 및 소비 행태 파악, 향후 한류의 지속 가능성과 발전 방향 제시'를 위해 2014년 11월 온라인 조사방식으로 전 세계 14개국 5,600명(15세~59세)을 대상으로 실시된 조사에서 한류의 지속 가능성을 묻는 질문에 응답자의 58.3%(233명)가 4년 이내에 한류가 소멸할 것이라고 응답했다.

미래의
한류

원성이다. 대중의 역동성과 결합된 그 영원성이 내일의 한류가 온 인류를 지어지선止於至善의 대동사회大同社會, 한류토피아 Hallyutopia의 세계로 이끌 힘의 원천이다. 이번 장 '확장성을 통해 본 미래의 한류'에서는 이 같은 신화적 영원성에 기초해 만들어질 20년 후의 한류, '그가 꿈꾸는 유교적 이상향'에 이르는 과정을 서술한다.

"한류, 어디까지 왔나?"에서는 이종異種문화 간 커뮤니케이션 과정에서 문화반발요인[5]으로 작동하는 원거리교역long-distance trade에 초점을 맞춰 한류의 발전과정을 서술한다. 한류가 방송콘텐츠의 해외수출에서 시작되었기 때문이다. "한류, 그가 만드는 세상은?"에서는 앞으로 펼쳐지게 될 한류 대동사회에 대해 이야기한다. '인의예지'仁義禮智가 실현되는 세상, 하늘과 땅, 너와 내가 '인'으로 하나가 되는 유교적 이상향에 대해 서술한다. 그리고 마지막 "한류, 무엇을 준비해야 하나?"에

---

5 벤틀리(Bentley)는 이종문화 간 상호 인터랙션 과정에서 'mass migration, empire building, long-distance trade'가 주변 지역과 사회의 문화적 반발요인으로 작동해 각 지역에 다양한 문화적 변화를 일으킨다고 보고, 이를 역사서술의 근거로 삼는다.

서는 한류 대동사회에 이르기 위해 우리가 준비해야 할 기술적 과제에 대해 유교적 관점에서 논의한다.

한류, 어디까지 왔나?

    한류사는 드라마를 메인스트림으로 하는 1차 한류시대 (1987~2009)와 K-pop을 메인스트림으로 하는 2차 한류시대 (2010~2015 현재)로 시기가 구분된다. 그 중에서도 20여 년에 걸쳐 진행되어 온 1차 한류시대는 아시아시장을 놓고 벌이는 한국 드라마와 일본 드라마의 '경쟁시기'(1990년대), 일본 드라마를 제치고 시장을 확대해가는 한국 드라마의 전지구적 '확산시기'(2000년대)로 나뉜다. 경쟁시기는 일본 드라마에 대한 모방과 이들의 경향성에서 벗어나려는 탈동조화 현상[6]이 동시에 일어나는 시기이기도 하다. 확산시기는 일본 드라마가 거꾸로 한국 드라마를 모방하는 역모방의 시기다. 〈겨울연가〉(KBS)는 〈겨울의 벚꽃〉[7](TBS, 2011)으로, 〈아이리스〉(KBS)는 〈외교관 구로다 고사쿠〉[8](후지TV, 2011)로 다시 태어난다. 이처

---

6 1980년대 후반 초호황기의 일본에서는 '트렌디드라마'라는 젊은이들을 주인공으로 하는 화려한 영상의 새로운 드라마 장르가 나타난다. 1990년대 초 한국은 이를 받아들였고, 드라마 〈질투〉(MBC)를 탄생시킨다. 1990년대 중후반, 버블경제의 붕괴로 중산층이 무너지고, 가정경제가 파탄 난 일본에서는 사회적 울분이 쌓여갔다. 이를 토해낼 새로운 배출구가 필요했다. 일본의 포스트 트렌디드라마가 폭력과 섹스, 선정성이 난무하는 극단적 경향성을 띠게 된 이유가 여기에 있다. 이때부터 한국의 드라마는 일본 드라마와 차별된 탈동조화의 길을 가게 된다. 한국의 포스트 트렌디드라마는 일본의 그것과 달리 젊고, 밝고 화려한 영상의 트렌디드라마에 홈드라마의 성격을 결합해 드라마의 건전성, 건강성을 확보하고 있다.

7 시한부 인생을 사는 여자와 운명적인 사랑에 빠지는 남자의 이야기를 다룬다. 담당 프로듀서는 인터뷰에서 "〈겨울연가〉에 지지 않는 러브스토리를 만들고 싶다"고 고백해 〈겨울연가〉의 모작임을 밝힌다. 새하얗게 눈 덮인 풍경, 남녀 주인공이 목도리를 두르고 등장하는 포스터까지 〈겨울연가〉와 똑같다. 여주인공은 사고로 기억상실증에 걸렸다 기억을 되찾고, 이번엔 뇌종양에 걸려 남자 주인공과 슬픈 사랑을 한다. 〈겨울연가〉의 여주인공 최지우가 지나가는 여인으로 까메오 출연한다.

8 해외 로케이션으로 이목을 끌었던 〈아이리스〉처럼 첫 회를 미국 샌프란시스코에서 찍었다. 주인공 고사쿠는 직업이 외교관이지만 하는 일은 비밀작전을 수행하는 스파이다. 〈아이리스〉의 국가안전국 요원 김현준(이병헌)의 역할이다. 이를 인증하

럼 드라마를 메인스트림으로 전지구적 확산을 계속하던 한류
는 2006년 초 3차 위기[9]를 맞으며 오랜 수출 정체기[10]에 빠져
든다.

　이때 새로운 구원투수로 등장한 것이 K-pop이다. K-pop

듯 이병헌이 드라마 초반 주인공을 돕는 비밀요원으로 까메오 출연한다.

9　언어기호 '한류'가 등장(1999)한 직후인 2000년대 초 대만을 비롯해 동남아시
아 전역에서 반한류 기운이 크게 일기 시작한 시점이 한류의 1차 위기다. 이때 드
라마의 수출이 급감한다. 1차 위기를 잠재운 것은 일본에서의 〈겨울연가〉 신드롬
(2003~2005)이다. 그러다가 NHK BS2가 〈겨울연가〉의 4차 재방송을 끝낸 2005
년 봄, 1차 한류 위기의 잔불이 되살아나며 한류는 2차 위기를 맞는다. 반한류의 기
운이 동남아시아 전역에서 다시 일기 시작한 것이다. 비록 짧은 기간이었지만 2차
한류 위기를 잠재운 것은 〈대장금〉(MBC) 신드롬이다. 2005년 중반 이후 〈대장금〉
은 2차 위기에 처한 한국 드라마의 수출지역을 전지구적으로 확대하며 한국 드라마
의 세계화에 기여한다. 드라마를 메인스트림으로 한 한류가 2차 위기를 넘게 된
것이다. 그러나 산이 높으면, 계곡이 깊다. 〈대장금〉의 세계적 붐은 또 다른 저항을
불러왔고, 한류 3차 위기의 도화선이 된다. 특히, 한국 드라마에 대한 중국의 경계심
은 드라마 수출에 커다란 걸림돌이 된다.

10　〈겨울연가〉와 〈대장금〉 신드롬에 힘입은 한국의 드라마 수출은 2005년 마침내
1억 달러 선을 돌파한다. 그러나 이후, 해외시장의 반한류 움직임과 지상파 방송 3
사를 중심으로 이뤄지는 국내 드라마 생산량의 양적 한계 상황은 수출의 확대를 어
렵게 한다. 2000년대 전반기의 드라마 수출은 매년 44.3~72.8%의 높은 증가율을
보인다. 그러나 2006년 이후 드라마 수출증가율은 전반기의 1/5 이하로 급격히 떨
어진다.

이 위기의 드라마를 대체하는 새로운 한류 메인스트림으로 한류사의 전면에 나서게 된 것이다. 마침내 2010년 2차 한류시대가 열린 것이다.[11] "한류, 어디까지 왔나?" 1, 2차 한류시대를 약술하면 다음과 같다.

1차 한류시대의 경쟁시기

1990년대 경쟁시기는 태동기(1987~1990), 도전기(1991~1993), 정착기(1994~1996), 확장기(1997~1999)로 이어진다. 태동기는 일본 드라마의 아시아시장 독점기다. 일본의 드라마가 아시아시장을 장악하고 있던 시기다. 다케시타 정부(1988)는 이때 국제관계를 '바르고 깊게' 하기 위해서 TV프로그램의 아시아 지역 수출에 관심을 기울인다(岩渕功一, 2001: 121). 이 시기, 그러니까 일본 경제가 절정을 구가하고, 일본 정부가 전략적으로 TV프로그램의 해외 수출을 장려하던 1980년대 말, 일본의 수출은 비약적으로 증가한다. 그러나 수출 호

---

11 2010년을 K-pop을 메인스트림으로 한 2차 한류시대의 원년으로 보는 근거는 「전환기의 한류」(박장순, 2013: 120~187) 참조.

미래의
한류

황 속에서도 일본 드라마는 쇠퇴의 징후를 보이기 시작한다.[12] 드라마 제작 편수가 매년 급격히 줄어들고, 시청자들은 드라마로부터 뉴스나 와이드 쇼 등 다른 프로그램 장르로 이탈한다.

이런 현상은 일본 드라마의 경쟁력을 약화시키고, 일본 드라마의 미래를 어둡게 하는 적신호로, 절정과 위기가 공존하는 일본 드라마의 현주소를 보여 준다(박장순, 2008: 161). 그렇다고 이것이 한국 드라마의 수출로 이어지지는 않는다. 다만 88서울올림픽이라는 경제적 호재가 애니메이션 장르를 중심으로 한국 TV프로그램의 해외 시장 진출 가능성을 열어주기 시작했을 뿐이다.

도전기는 방송위원회의 외주제작비율고시(1991) 시점을 원년으로 한다. 이때부터 지상파 방송 3사는 KBS영상사업단(현,

---

12 1977년부터 3년 단위로, 6차례에 걸쳐 실시된 이와오(岩男壽美子, 2000: 49)의 조사에 따르면, 일본의 드라마 방송 편수가 매년 감소하고 있음을 발견하게 된다. 조사 원년인 1977년을 기준으로 할 때, 마지막 조사 시점인 1994년 드라마 방송 편수는 원년의 절반에 가까운 40.3%의 감소율을 보인다. 드라마 방송 시간도 원년에 비해 27.4% 감소한다. 특히, 이런 감소 추세는 한류 태동기인 1980년대 말, 즉 일류(日流) 절정기인 1986년과 1989년 조사에서 큰 폭으로 떨어진다.

KBS MEDIA), MBC프로덕션, SBS프로덕션(현, SBS콘텐츠 허브) 등 계열사를 설립하고, 방송 프로그램의 해외 수출을 위한 전담조직을 갖추기 시작한다. 우리의 수출이 거의 전무한 상태였던 도전기 두 번째 해인 1992년 4월부터 다음 해 3월까지 일본의 1년간 프로그램 수출은 지상파, 위성방송, CATV를 합쳐서 총 1,526편 2만2,324시간에 이른다. 도전기 마지막 해인 1993년 일본의 프로그램 수출액은 33억 엔이다(한국방송영상산업진흥원, 2004a: 12).

일본에 의해 선점된 이런 어려운 시장 상황에서 한국은 마침내 1993년 드라마 수출의 길을 연다. 한국 최초의 트렌디드라마 〈질투〉(MBC)와 대하드라마 〈여명의 눈동자〉(MBC)가 일본에 항거했던 선조들의 민족적 공분이 폭발했던 하얼빈(하얼빈TV)을 공략한 것이다. 중국 시장의 교두보 확보는 물론, 아시아시장을 놓고 벌인 한·일 드라마 패권 경쟁의 신호탄을 항일투쟁의 역사적 도시 하얼빈에서 쏘아 올린 셈이다(박장순, 2008: 165).

정착기는 한국의 수출이 비록 큰 규모의 변화는 아니지만 구조적으로 콘텐츠 수출국가로서의 기본적인 면모를 갖추어 가기 시작하는 시기다. 수출 프로그램의 장르가 다양해지고,

수출 지역 또한 확대되어 가는 경향을 보인다. 그리고 지상파 방송 3사의 중국 시장 진출도 눈에 띄게 활발해진다. KBS는 1995년 〈느낌〉, 〈백색미로〉, 〈적색지대〉, 〈당신이 그리워질 때〉 등 드라마 4편을 총 9만2,600달러에 수출하고, 1996년 〈바람의 아들〉, 〈젊은이의 양지〉 등을 45만4,800달러에 수출해 5배 가까운 수출 신장세를 보인다. MBC는 1994년 〈사랑이 뭐길래〉를 포함해 8만1,250달러어치를 수출하고, 1996년 〈마지막 승부〉를 8,000달러에 수출한다. 신생 방송인 SBS는 1995년 중국 국영 CCTV에 〈모래시계〉를 7만2,000달러에 수출한다 (한국방송진흥원, 2001: 142).

이 시기는 일본 드라마의 전성시기다. 서구에 대한 환상을 깨고 일본이 아시아로 눈을 돌리면서 시장에는 '일류' 열풍이 거세게 불었다(조한혜정 외, 2005: 18). 일본의 프로그램 수출은 1994년 37억 엔, 1995년 41억 엔, 1996년 47억 엔으로 연평균 10% 이상 증가한다(윤선희, 1998: 184~185). 이 시기 한국과 일본의 수출액 차이는 1994년 1:15.6, 1995년 1:16.4, 1996년 1:6.7로 정착기 마지막 해인 1996년 크게 개선되는 모습을 보인다(박장순, 2011: 63).

확장기는 지상파 방송 3사가 본격적인 아시아시장 공략에 나서는 시기다. 한국 드라마 사상 최고의 시청률을 기록한 〈첫사랑〉(KBS, 65.8%, 1996~1997)과 〈사랑할 때까지〉(KBS, 1997), 〈별은 내 가슴에〉(MBC, 1997), 〈보고 또 보고〉(MBC, 1998), 〈해바라기〉(MBC, 1999) 등이 일본이 주도하고 있는 아시아시장을 압박한다. SBS도 〈미스터 Q〉(1998)와 〈토마토〉(1999) 등을 앞세워 일본 드라마를 공략한다(박장순, 2008: 194~195).

일본 드라마의 반격도 만만치 않다. 확장기 첫 해인 1997년 일본은 '위래일본韓來日本, 국흥國興, NHK, 동영東映' 등의 채널을 통해 대만 내 일본 프로그램의 방영을 강화한다. 같은 해 개국한 대만 최초의 본격적인 상업방송 FTV에도 일본은 주 수입선의 지위를 확보한다. 홍콩의 인기 채널 TVB 제이드Jade의 편성[13]을 보면, 외국 프로그램의 편성 비율이 약 20%인데, 그 중 3/4이 일본 콘텐츠들이다(岩渕功一, 2001: 189).

대만, 홍콩에서의 국지적 저항뿐 아니라 일본은 1997년 위성방송을 통해 대대적인 반격에 나선다. 일본 민방의 프로그램을 종합 편성해서 아시아 전 지역을 대상으로 방송하는

---

13 1997년 2월 10일부터 일주일 동안의 편성.

미래의
한류

JET Japan Entertainment TV 채널이 본방송을 개시한다. 방송을 개시한 지 한 달여 만에 대만에서는 약 300만 세대가 이 채널을 시청할 수 있는 정도에 이른다. 이는 대만 전 세대의 2/3에 해당하는 시청 규모다(한국방송진흥원, 1997: 1). 그러나 이 같은 일본의 노력이 아시아시장 전체의 판세를 뒤집지는 못한다. 확장기 마지막 해인 1999년 마침내 한국은 비록 규모는 작지만 프로그램 수출입에서 사상 처음으로 10만 1,000달러의 대일 출초를 기록한다.

1차 한류시대의 확산시기

드라마 수출의 획기적인 전환점은 일본 드라마가 마지막까지 저항하던 대만시장의 공략이 끝나는 시점부터다. 대일출초 원년인 1999년 대만시장에서 한국과 일본 드라마의 방송(편성) 시간 비율은 15:114.3으로 일본이 절대 우위였다. 확산시기 원년인 2000년 다소 개선되기는 하지만 18:84.5로 여전히 일본의 우위가 계속되었다. 그러다가 2001년 4/4분기 29:20.5로 한국 드라마의 방송 시간 비율이 일본 드라마를 앞서기 시작한다. 그리고 2002년 마침내 85.4:57.8로 한국 드라마가 일본 드라마를 32.3% 앞선다(KOTRA, 2005).

방송(편성) 시간 뿐 아니라, 대만인들의 한국 드라마에 대한 선호도도 일본을 앞서기 시작한다. 2001년 조사에서 대만인들의 일본 드라마에 대한 선호도는 미국 드라마보다도 2.6배 높은 것으로 나타난다. 이런 상황에서 한국 드라마는 일본 드라마와 비교의 대상이 되지 못했다. 그러나 1년여가 지난 2003년 1월 실시된 조사에서는 한국 드라마의 선호도(23.2%)가 일본 드라마의 선호도(18.2%)를 앞선 것으로 나타난다(한국방송영상산업진흥원, 2004b: 17). 이는 1차 한류시대의 확산시기, 아시아시장에서 한국 드라마의 변화된 위상을 확인시켜 주는 근거가 된다.

수출 드라마의 장르 확대도 눈에 띈다. 트렌디드라마와 스케일이 큰 대형 대하드라마에서 시작된 한국의 드라마 수출은 홈드라마의 성격이 가미된 한국형 포스트 트렌디드라마 장르로 그 영역을 확대한다. 이런 변화는 확산시기 이전, 관심을 끌지 못했던 홈드라마[14] 장르의 수출도 가능하게 해 새로운

---

14 〈목욕탕집 남자들〉(KBS, 1996), 〈정 때문에〉(KBS, 1997), 〈살다보면〉(KBS, 1998), 〈엄마의 딸〉(SBS, 1998), 〈미우나 고우나〉(SBS, 1998), 〈날마다 행복해〉(MBC, 1999), 〈엄마야 누나야〉(MBC, 2001), 〈부모님 전상서〉(KBS, 2004) 등이 그것이다.

드라마 수출 장르로 자리를 잡게 한다. 또, 이 시기 아시아시장에서의 한국 드라마 붐은 그 동안 문화할인율이 높아 수출 자체를 고려할 수 없었던 사극 장르로까지 스펙트럼을 넓혀간다.[15]

세계 프로그램 유통시장에도 변화가 일어난다. 1961년 모나코의 몬테카를로 TV페스티벌에서 시작된 국제 방송 프로그램 마켓은 오랫동안 MIP TV[16]를 중심으로 한 유럽세와

---

15 한국 최초의 역사드라마 수출은 2001년 〈장희빈〉(SBS, 김원희 · 임호)으로부터 시작된다. 그러나 아쉽게도 대만에 수출된 〈장희빈〉은 성공을 거두지 못한다. 그러나 대만 GTV가 2002년 〈명성황후〉(KBS, 최명길 · 유동근)와 난세의 풍운녀 정난정 일대기를 그린 〈여인천하〉(SBS, 강수연 · 전인화)를 방송하면서부터 시장의 상황이 달라진다. 그러면서 〈상도〉(MBC, 이재룡 · 김현주), 〈허준〉(MBC, 전광렬 · 황수정), 〈태양인 이제마〉(KBS, 최수종 · 유호정) 등이 잇달아 방영된다. 이렇게 한국의 사극이 인기를 끄는 이유는 이영애 · 김현주 · 이미연 등 한국의 배우가 대만에서 잘 알려져 있을 뿐만 아니라, 중요한 것은 사극의 품질이 크게 고급화되었기 때문이다(한국관광공사, 2004: 10/19).

16 1963년 프랑스 제3의 도시 리옹에서 처음 문을 연 MIP TV는 2년 뒤인 1965년 칸으로 장소를 옮겨 오늘에 이른다. 50년의 역사를 자랑하는 MIP TV는 세계 방송콘텐츠의 집결지이자 방송영상물 유통의 전략적 요충지다. 세계 방송콘텐츠 유통물량의 많은 부분이 이곳을 경유해 세계 각지로 전해지기 때문이다(박장순, 2005: 127).

NATPE[17]를 중심으로 한 미주세로 양분되어 왔다. 이런 구도가 1차 한류시대의 경쟁시기, 그 가운데서도 '확장기'인 1997년 홍콩을 반환 받은 중국이 자국 마켓[18]의 국제화에 주력하고, 한국이 1차 한류시대의 확산시기인 2001년 한류 드라마의 인기에 힘입어 국제 TV프로그램 마켓 BCWW[19]를 출범시키면서 균열이 가기 시작한다. 드라마 수출이 정체기에 빠져드는 2006년 설립 준비에 들어간 BCM[20]의 출범(2007)도 국제 TV프로그램 시장의 3각 구도를 만들어내는 데 크게 일조한다. 이를 통해 1차 한류시대의 확산시기 한국의 아시아시장 지

---

17 National Association of Television Program Executives. 1964년 미국의 내수용 시장으로 출발해 1980년 국제시장으로 전환.

18 상해TV페스티벌(1986년 출범)과 사천TV페스티벌(1987), 북경TV페스티벌(1989).

19 Broadcasting worldwide. 문화체육관광부가 주관하는 한국 최초의 국제 방송 콘텐츠 마켓이다. 2001년 11월 부산전시컨벤션센터(BEXCO)에서 처음으로 문을 열었다. TV마켓과 컨퍼런스를 중심으로 운영된다. 한국콘텐츠진흥원(KOCCA)이 예산과 운영을 관장하고, 대행사를 두어 행사를 주관한다.

20 Busan Contents Market. 부산광역시가 주축이 되어 2007년 출범한 국제 방송 콘텐츠 마켓이다. 2009년부터 문화체육관광부가 부산광역시와 공동으로 행사를 주관한다.

미래의
한류

배력이 강화된 것이다.

한편, 이 같은 시장의 변화는 한국을 입초국가에서 출초국가로 변신시킨다. 정착기(1994~1996) 마지막 해인 1996년 10.7배에 달하던 무역역조는 확장기(1997~1999) 첫 해인 1997년 6.9배, 1998년 2.7배, 확장기 마지막 해인 1999년 2.3배로 입초 비율이 점차 개선된다. 그리고 새로운 세기 뉴밀레니엄시대에 대한 기대와 흥분으로 시작된 1차 한류시대의 확산시기 세 번째 해인 2002년 마침내 사상 처음으로 14.7%(370만 달러)의 출초를 기록한다. 한국이 문화수입국에서 문화수출국으로 변신에 성공한 것이다.[21](박장순, 2008: 227~228).

2차 한류시대

2006년부터 시작된 드라마 수출의 정체기는 K-pop을 메인스트림으로 한 2차 한류시대(2010~2015 현재)로 이어진다. K-pop시장의 확대가 드라마 수출의 정체기를 대체하게 된 것이다. 드라마 〈겨울연가〉 신드롬 이후, 2006년부터 K-pop의

---

21 이후, 한국의 출초 비율은 2003년 50.1%, 2004년 129.8%, 2005년 234.0%가 되는 등 수출과 수입의 격차가 현격하게 벌어진다.

수출은 급속한 증가세를 보인다. 2009년 K-pop의 수출은 전년대비 89.9%의 성장세를 보이며 3천127만 달러의 수출을 기록하고, 탄력을 받은 2010년에는 전년대비 166.3%의 경이로운 성장세를 보이며 2.6배가 넘는 8천320만 달러의 수출실적을 기록한다. 2010년을 K-pop을 메인스트림으로 한 2차 한류시대의 원년으로 보는 첫 번째 이유가 여기에 있다. K-pop시장에 전지구화라는 변화가 오기 시작한 것이다. 그리고 2011년에는 전년대비 121.1%가 증가한 1억9,600만 달러를 기록하고, 2012년에는 같은 해 드라마 수출액인 2억3,382만 달러를 넘어서는 2억3,500만 달러를 기록해 명실공히 수치상으로도 K-pop이 드라마를 앞선 한류의 메인스트림으로 떠오른다. 다시 말해 K-pop을 메인스트림으로 한 2차 한류시대의 원년은 2010년이고, 본격적인 K-pop시대는 2012년부터로 볼 수 있다.

K-pop이 2010년 전 세계 229개국에서 8억 회 조회 수를 기록한 것도 한류 패러다임 전환의 근거로 제시될 수 있다.[22] 국

---

22 중앙일보는 2010년 한 해 동안 유튜브에 등록된 SM엔터테인먼트 · YG엔터테인먼트 · JYP엔터테인먼트 등 3대 가요기획사 소속 한국 가수의 전체 동영상 923개

미래의
한류

가별 팬 층도 다양해졌다. 연간 30만 건 이상 조회한 나라 가운데는 이집트(63만여 건), 쿠웨이트(41만4,000여 건) 등 중동 국가들도 다수 포함됐다. 몬테네그로(2만2,000건), 뉴칼레도니아(1만4,000건), 과들루프(1만 건) 등 낯선 이름의 나라들도 많았다. 인터넷 접속 통제 국가인 북한도 224건이 포함돼 눈길을 끌었다(중앙일보, 2011.01.17).

'2010 한류포럼'[23]에서는 한류 핫이슈 '톱 텐'을 발표했다. 2010년 11월 한국, 일본, 중국, 태국, 베트남 등 아시아 5개국 3,000명을 대상으로 실시한 온라인 설문조사를 통해 얻은 결과를 종합한 것이다. 분석 결과, 2010년 '한류 핫이슈' 1위는 '문화 한류에서 경제 한류로의 진화'가 꼽혔다.[24] 한국의 국가

를 분석했다. 분석 결과 2010년 전 세계 229개국의 네티즌들이 한국 가수들의 동영상을 조회한 횟수는 모두 7억9,357만여 건이었다. 대륙별로는 ▶아시아(5억6,627만여 건) ▶북미(1억2,347만여 건) ▶유럽(5,537만여 건) 순이었다. 특히 미국의 부상이 주목됐다. 조회 수만으로는 여전히 아시아 지역의 비중이 컸지만, 국가별로 살펴볼 경우 미국(9,487만여 건)이 일본(1억1,354만여 건), 태국(9,951만여 건)에 이어 3위를 기록했다.

23 한국문화산업재단이 주최한 행사로 2010년 12월 1일 서울 프레스센터 국제회의장에서 열렸다.

24 2위는 '한식 한류, 세계인의 입맛을 사로잡다', 6위는 아시아 팬들에게 애통함

브랜드 이미지가 문화 한류에서 경제 한류로 바뀌었고, 이 같은 국가 브랜드 이미지 변화의 근간에 한류 스타의 역할이 크게 작용했다고 포럼은 분석했다. 3위 '일본의 K-pop 열풍', 4위 '스포츠 한류 스타, 한국을 세계에 알리다', 5위 '한류 스타 따라잡기 열풍', 7위 '한국 드라마 열풍' 등 톱 텐 안에 들어와 있는 핫 이슈들을 살펴보면 한류 스타의 역할이 강조된 포럼의 분석 배경을 가늠해 볼 수 있게 된다. 그런데 한류 포럼의 조사결과에서 주목해 봐야 할 것은 'K-pop 열풍'(3위)이 '드라마 열풍'(7위)을 순위에서 앞섬으로써 2010년 2차 한류시대의 메인스트림으로 부상한 K-pop의 변화된 위상을 보여 주고 있다는 점이다.

2010년 한류의 패러다임 전환 시점 이후, K-pop 자체가 한국의 국가 브랜드 이미지화하고 있다는 보고서도 있다. 이탈리아, 헝가리, 독일, 프랑스, 영국 등 유럽 5개국 대학생들을 중심으로 한 "2011 유럽 한류와 국가브랜드 조사 보고서"에

을 안겨준 '한류스타 박용하 자살'이 올랐다. 이어 8위 '연예인 윤리문제', 9위 '한국 드라마 촬영지 관광 열기 지속', 10위 '한류의 매력, 의료관광으로 이어지다'가 TOP 10에 포함됐다(헤럴드경제, 2010.12.02).

의하면 유럽 젊은이들은 한국에 대한 연상 이미지로 북한을 제외하고, K-pop(6.9%)을 가장 먼저 떠올린다. K-pop은 서울(6.5%), 삼성(5.1%), 김치(2.7%), 2002 한·일월드컵(2.4%), 태권도(2.0%), 자동차(1.4%)보다도 인지도 면에서 앞선다(KOTRA, 2012).

또 중국과 미국, 일본, 러시아 등 해외 9개국 3,600명을 대상으로 실시한 한국의 이미지 실태 조사[25] 결과에서도 "한류라고 생각되는 분야를 꼽으세요"라는 질문에 K-pop이 1위를 차지했다(전자신문, 2012.12.17). 한국관광공사가 10대~40대 영국인과 프랑스인 각각 150명을 대상으로 조사한 '영국·프랑스 신한류시장 보고서'에 따르면 이들이 가장 관심을 갖는 한류 콘텐츠는 K-pop(50.7%)이었다. 드라마는 6.7%에 그쳤다(서울경제, 2012.12.30). 중국, 일본, 대만, 베트남, 태국 등 5개국을 대상으로 실시한 '2010년 한류지수' 조사결과를 보면, K-pop이 장르별 한류지수 1위를 기록한다. 이를 내림차순으로 정리하면, K-pop(107)→ 게임(101)→ 드라마(100)→ 영화

---

25 문화체육관광부와 한국문화산업교류재단이 공동으로 조사한 보고서. 2012년 12월 17일 발표.

(94)의 순이다(문화체육관광부, 2011: 314). 이런 사실들은 K-pop
이 드라마를 대체하는 새로운 한류의 메인스트림, 즉 2차 한류
시대로의 진화 모멘텀이 되었음을 시사해 준다. 그리고 그 시
점이 2010년이라는 사실도 확인시켜 준다.

미래의
한류

한류, 그가 만드는 세상은?

'원거리교역'은 한국 대중문화의 전지구적 확산을 이끄는 원동력이다. 한류신화의 영원성을 담보해 주는 근본 원리이기도 하다. 원거리교역의 핵심은 콘텐츠다. 한류 콘텐츠가 인간의 순수 기질지성에 초점을 맞추고, 측은지심의 단서인 '인'과 더불어 '의, 예, 지'로 한류밈의 사단칠정론적 확장을 계속한다면, 한류는 자연스럽게 '인의예지'가 실현되는 대동사회를 구현해 내는 촉매제가 되어 줄 것이다.

더욱이 지금의 한류는 마치 '모두 한마음이 된다'는 천화동

인天火同人의 괘**26**를 닮았다. "남과 하나가 되는 형국이다. 들에서 남과 하나가 되는 역할을 해야 한다. 떨쳐 일어나야 한다. 큰 내를 건너는 것이 이롭다. (~중략~) 큰 내를 건너는 것이 이로운 까닭은 하늘이 행하기 때문이다"**27**(이기동, 2010: 239).

'큰 내'〔大川〕를 건너는 '원거리교역'을 통해 한류가 오늘의 신화를 이뤄낸 것이 하늘의 뜻이라는 의미로 해석이 가능하다. 왜냐하면 지금 우리는 5천 년 역사 이래 처음으로 문화를 통한 이상사회를 건설할 수 있는 천재일우의 기회를 맞고 있기 때문이다. 이는 하늘이 행하는 것이다.

대동사회는 하늘과 땅, 너와 내가 '인'으로 하나 되는 유교적 이상향이다.**28** 한류로 하나 되는 한류토피아의 세상이다. '인'은 사랑이다. 사랑의 실천적 문화코드는 이타altruism와 공존coexistence을 위한 노력이다. 진화생물학에서의 이타는 타자

---

26 상괘는 건괘(乾卦; ☰), 하괘는 리괘(離卦; ☲)로 이루어짐.

27 同人이라 于野면 亨하리니 利涉大川이며 ~중략~ 同人于野亨利涉大川은 乾行也오.

28 '인'은 많은 '선'(善)의 으뜸으로 마음의 전덕(의, 예, 지)을 대표한다〔然仁所以長衆善, 而專一心之全德者〕(陳淳, 2005: 83∼84).

의 생존 가능성을 높이는 행위이며, 동시에 이데올로기다. 한류 유전자[29]의 이타는 타자인 아시아인, 세계인들의 생존 가능성을 높이는 유전자 패러다임이다. 동시에 우리의 생존 가능성을 높이는 가치이기도 하고, 인류의 공동번영을 위한 유전자 패러다임이기도 하다. 이타는 한류의 전지구화시대, 인류문화화시대의 핵심 이데올로기다. 타자의 입장에서 대자[30] 對自와 즉자[31]卽自를 바라보는 '아웃사이드-인 뷰'[32]outside-in view

---

29　유전자는 이기적 본성을 갖고 있다. 자신의 보존을 위해서 수단과 방법을 가리지 않는다. 한류 유전자는 한국 대중문화의 세계적 유통을 담당하는 국내 셀러와 외국의 바이어다. 이들이 가지고 있는 이기적 본성이 오늘의 한류를 만든 추동력이다. 그러나 다행스럽게도 인간은 예지력을 갖고 있다. 눈앞의 이익이나 욕심보다 오랫동안 앞으로 도움이 될 수 있는 것에 더 신경을 쓰도록 마음을 조정할 수 있는 능력을 갖고 있다. 태어날 때부터 가지고 있는 이기적인 유전자에 대항할 수 있는 능력이 있고, 필요하다면 이기적인 유전자를 교화시킬 수도 있다(Dawkins, 2009: 200). 한류의 대자인 우리들 또한, 이기적인 유전자에 대항할 수 있는 능력을 갖고 있으며, 이기적인 본성이 내재된 한류 유전자의 속성을 교화할 수 있는 능력도 가지고 있다.

30　'나' 자신 l´être-pour-soi.

31　곧, '나'인 존재. 사물. l´être-en-soi.

32　통합마케팅커뮤니케이션(IMC; Integrated Marketing Communications)의 기본 정신.

의 자세가 필요하다.

한류는 지금까지 인사이드-아웃 방식inside-out view으로 아시아의 타자를 만났다. 대자는 타자에게 '대자-즉자'(콘텐츠)를 제공하고, 타자는 이를 일방적으로 수용하는 구조였다. 물론, 타자의 선택은 시장의 최적자인 한국의 즉자, 즉 한국의 드라마와 K-pop을 자연 선택함으로써 스스로 최적자의 삶을 누리고 있다는 믿음을 갖고 싶어 하는 타자의 이기적 본성이 작동한 행위임에는 틀림없다.[33] 그러나 세상은 변하고 있다. 타자의 권리가 강조되고, 타자의 자발적 참여가 확대되고 있다. '아웃사이드-인 뷰'는 이런 변화하는 시장에 최적화된 삶의 공존 방식이다. 타자의 관점에서 대자와 즉자를 바라보는, 그래서 한류토피아의 문화정신을 구현하게 해 주는 이타적 커뮤니케이션 방식이다.

이타는 배려이고, 사랑이다. 대자와 타자의 공존을 위한 필수 가치다. 하이데거에 의하면 공존이란 '함께 있는 존재'다. 자신의 동료와 팀워크를 이루는 암묵의 공동존재, 연대

---

33 아시아의 타자가 한국의 드라마와 K-pop을 자연 선택하는 것도 실은, 그들이 최적자의 삶을 살고 있다는 것을 보여 주기 위한 일종의 상징이다.

미래의
한류

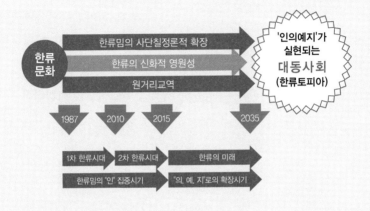

[그림 03] 한류 대동사회, 한류토피아에 이르는 길

적인 결합이다. '세계-속-존재'라는 존재론의 구조적인 측면에서 '함께 존재한다'는 것은 인간존재가 본성상, 본질적이고 보편적인 자격으로 '함께 존재한다'는 말이다(Sartre, 1943: 422~423). '아시아인과 함께 있는 존재' 또는 '세계인과 함께 있는 존재'가 대자인 나의 '구체적-존재'를 구성하는 하나의 구조라는 것이다. 따라서 나에게 타자인 아시아인이 없고, 세계인이 없다면, 나의 구체적인 존재 또한 있을 수 없는 것이 된다. '이타'와 '공존'은 한류의 미래인 유교적 대동사회에서 '인'(사랑)을 드러내 보여 주는 실천적 문화 코드다.

한류, 무엇을 준비해야 하나?

머지않은 장래 우리 앞에 펼쳐지게 될 '인의예지'仁義禮智가 구현되는 한류 대동사회를 위해 지금 우리가 준비해야 할 일은 과연 무엇일까? 그 중심에 콘텐츠가 있다. 콘텐츠는 원거리교역의 대상이다. 원거리교역은 한류신화의 동력이다. 한류신화는 원거리교역의 대상인 콘텐츠에서 비롯된다. 이것이 우리가 콘텐츠에 대해 관심을 가져야 하는 이유다. 콘텐츠가 곧, 한류이기 때문이다.

그렇다면 우리의 콘텐츠가 담아내야 할 가치는 무엇인가? 무엇보다 중요한 것은 소비자인 세계인의 순수 기질지성이 지켜질 수 있도록 기여해야 한다는 것이다. 그러기 위해서는

'인'에 집중된 사단칠정론적 밈의 '의, 예, 지'로의 확장이 유용한 수단이 되어 줄 것이다. '인, 의, 예, 지'가 실현되는 대동사회, 한류토피아는 그 결과로서 자연스럽게 나타날 것이다.

그러기 위해서는 먼저 우리의 순수 기질지성을 되돌아봐야한다. 맑고 순수한 나로부터 맑고 순수한 기질지성의 콘텐츠가 생산될 수 있기 때문이다. 오염과 혼탁, 폭력과 부도덕은세계인이 소구하는 바가 아니다. 이는 1990년대 1차 한류시대의 경쟁시기, 아시아시장을 선도했던 일본 드라마가 한국 드라마에게 시장의 주도권을 빼앗기게 된 과정을 살펴보면 쉽게알 수 있다.

'손괘'巽卦: ☴ 상괘와 '진괘'震卦: ☳ 하괘의 결합 형태를 주역에서는 풍뢰익風雷益이라고 한다. 하괘인 진괘는 움직이는 성질이고, 상괘인 손괘는 겸손하기 때문에 풍뢰익은 '움직이면서 겸손함'을 뜻한다(이기동, 2010: 583). 일이 잘 풀릴 때 사람들은 거만해지기 쉽다. 거만해지면 일은 곧, 막히기 시작한다. '움직이면서 겸손함'이란 잘 나갈 때 더 겸손해야 함을 뜻한다.

그런데 1990년대 잘 나가던 일본 드라마는 소재와 코드의극단화 경향을 보이기 시작한다. 섹스와 폭력의 노출 수위가심각한 상태에 이른다(박장순, 2008: 173~194). 이런 극단적인

시장 상황에서 아시아인들은 '인'에 기초한 한국의 드라마를 자연선택natural selection 한다. 자신들의 순수 기질지성을 지키기 위해 최적자를 찾고 있던 그들 유전자의 '이기적 본성'이 발현된 결과다. 이는 한류 콘텐츠가 우리의 순수 기질지성에 기초해야 하고, '인, 의, 예, 지'라는 확장된 유교적 가치 밈을 담아내야 한다는 것을 의미한다.

그 다음 과제는 이 같은 유교적 가치 밈을 '무엇에 실어서 최종 운반자vehicle인 콘텐츠에 담아낼 것인가?' 하는 것이다. 아무리 좋은 밈(유교적 가치)도 실어 나르는 1차 운반자(소재)가 부실하면, 소비자인 세계인들에 이르는 과정에서 이렇다 할 효과를 거두기 어렵다. 그렇기 때문에 여기서 중요한 것이 유교적 가치를 실어 나를 최적의 원천소재를 찾아내는 일이다.

우리의 삶과 역사는 원천소재의 근원이다. 우리 것에 대한 높은 관심과 적극적인 소재(1차 운반자) 발굴은 '인'과 더불어 '의, 예, 지'로의 사단칠정론적 한류밈의 확장성을 높여 줄 것이다. 다양한 원천소재의 발굴은 '인, 의, 예, 지'에 기초한 다양한 문화콘텐츠를 생산해 낼 수 있게 하고, 관련 부대사업의 다각화도 이룰 수 있게 해 줄 것이다.

또 하나의 과제는 발굴된 원천소재를 가공할 능력 있는 창작자를 육성하는 일이다. 이상사회는 구성원 각각이 마음에서는 모두 하나가 되면서 현실적으로는 구별되는 각각의 역할을 수행할 때 가능하다(이기동, 2010: 240). 창작자는 원천소재의 가공자이며, 한류 대동사회의 문을 열 수 있는 키맨이다. 이들이 자신의 역할을 훌륭히 수행해 낼 수 있도록 육성, 지원해야 한다. 이들에 대한 투자는 한류신화의 영원성을 담보해 주는 지고의 가치다.

나오며

우리는 스스로를 경시했던 슬픈 과거를 가지고 있다. "이게 얼마나 간다고" 하면서 우리의 대중문화 바람, '한류'를 우습게 여기기도 했다. 그러나 이제 우리는 우리 자신에 대한 믿음을 가져도 될 때가 되었다. 그럴만한 충분한 자격을 가지고 있다. 우리의 삶과 역사, 문화는 우리가 생각하는 것보다 훨씬 더 우리가 믿음을 가져도 될 만큼 충분한 가치를 지니고 있다.

한류 대동사회의 문이 열릴 날이 그리 멀지 않았다. 그 문에 다다르기 전, 우리의 마음이 '인'으로 하나 되는 마음의 통일이 이루어졌으면 좋겠다. 그래야만 세계 인류를 향한 진정한 의미의 한류토피아, 한류 대동사회가 우리에게 자랑스럽게 다가오지 않을까? 2005년 대만 인스리아의 이지건 대표가 국회에서 열린 한류공청회에 참석해서 한 말, "오천 년 역사 이래 가장 거만한 시대를 살고 있는" 21세기 대한민국의 문화융성 시대를 열고, 이를 우리 후손들에게 물려줘야 하지 않을까? 이것이 이 시대를 사는 우리의 임무요, 역할이 아닐까 싶다.

참고 문헌

- 경성대학교 인문학연구소(2007). TV 드라마와 한류. 서울: 도서출판 박이정.
- 김성원(2008). *리처드 도킨스의 밈의 종교적 기능에 관한 분석비평 연구*. 종교연구. 51집. 여름호. 29~62. 한국종교학회.
- 문화체육관광부(2011). 음악산업백서 2011.
- 박장순(2005). 문화콘텐츠 해외마케팅. 커뮤니케이션북스.
- ＿＿＿＿(2006). 문화콘텐츠학개론. 커뮤니케이션북스.
- ＿＿＿＿(2007). 한류, 신화가 미래다. 커뮤니케이션북스.
- ＿＿＿＿(2008). 한류, 한국과 일본의 드라마 전쟁. 커뮤니케이션북스.
- ＿＿＿＿(2011a). 한류의 흥행 유전자 밈. 도서출판 북북서.
- ＿＿＿＿(2011b). *한류의 생성 과정과 요인에 관한 연구*. 서강대학교 영상대학원 박사학위 논문.
- ＿＿＿＿(2012). 한류, 아시아 TV드라마 시장의 역사. 도서출판 북북서.
- ＿＿＿＿(2013). 전환기의 한류. 도서출판 북북서.
- ＿＿＿＿(2014). 한류학개론. 선.
- 방정배·한은경·박현순(2007). 한류와 문화커뮤니케이션. 커뮤니케이션북스.
- 삼성경제연구소(2005). 한류 지속화를 위한 방안. 이슈페이퍼.

- 윤선희(1998). 영상산업의 아시아시장 진출을 위한 수출 전략 연구. 연구보고 98-01. 한국방송개발원.

- 이기동(2010). 주역강설. 성균관대학교 출판부.

- ＿＿＿(2012a). 논어강설. 성균관대학교 출판부.

- ＿＿＿(2012b). 대학·중용강설. 성균관대학교 출판부.

- ＿＿＿(2013). 맹자. 성균관대학교 출판부.

- 장대익(2008). 일반 복제자 이론: 유전자, 밈, 그리고 지향계. 과학철학. 11권 1호. 한국과학철학회. 봄호.

- 조양(2007). 중국시청자가 보는 한국 가정극드라마 재미요소 분석. 홍익대학교 영상대학원. 석사학위 논문.

- 조한혜정 외(2005). 한류와 아시아의 대중문화. 연세대학교출판부.

- 최영진(2012). 퇴계 이황, 사단칠정론·성학십도·무진육조소. (주)살림출판사.

- 한국관광공사(2003). 한류체험에 대한 설문조사. 북경지사.

- ＿＿＿(2004). 한류 현황. 대만지사.

- 한국무역진흥공사(2005). 동북아 한류와 마케팅 방안.

- 한국문화산업교류재단(2014). 해외한류실태조사 보고서.

- 한국방송영상산업진흥원(2004a). 중국 TV드라마 시장 전망. 방송 동향과 분석. 통권 206호.

- ＿＿＿(2004b). 활기 띠는 일본방송의 해외진출. 방송 동향과 분석. 통권 193호.

- 한국방송진흥원(1997). 일본 방송 아시아 상륙 본격화. 〈JET〉 방송 개시. 방송 동향과 분석. 통권 43호.

- ＿＿＿(2001). 중국 방송산업 현황과 상호교류 방안 연구. 연구보고

01-13.

- 함재봉 · 고명현(2008). 촛불시위의 진행 과정은 바이러스의 전염 과정과 흡사. 월간조선. 12월호.

- 岩男壽美子(2000). Televi Drama No Message. Keisoshobo, INC. Tokyo. 김영덕 · 이세영(2004). TV 드라마 메시지. 커뮤니케이션북스.

- 岩渕功一(2001). Transnational Japan. Iwanami Shoten Publishers. Tokyo. 히라타 유키에 · 전오경(2004). 아시아를 잇는 대중문화. 또 하나의 문화.

- 陳淳(13세기). 性理字義. 성리자의. 박완식(2005). 여강출판사.

- Blackmore, S. (1999). The Meme Machine. Oxford University Press. Oxford New York.

- Bonner, T.(1988). The Evolution of Complexity. Princeton University Press.

- Dawkins, R. (1982). The Extended Phenotype. Oxford. Freeman.

- _____(2008). The Extended Phenotype. Oxford. New York.

- _____(2009). The Selfish Gene. 30th Anniversary Edition. Oxford University Press. Oxford New York.

- McGrath, A. (2007). Dawkins' God. Blackwell Publishing. MA. USA.

- Ridley, M. (1997). The Origin of Virtue. London: Penguin Books.

- Sartre, J. (1943). l'Être et le Néant. 존재와 무. 정소성(2014). 동서문화사.

찾아보기

ㄱ

가을동화 – 76, 127   겨울연가 – 77, 134   경쟁시기 – 168   공존 – 184
교육 – 108   구이(九夷) – 17   기(氣) – 47   기질지성 – 156, 189

ㄴ

노인공경 – 96

ㄷ

대동사회 – 20, 163   대자-즉자 – 186   대장금 – 85, 110   도덕 – 102
도전기 – 168   동이(東夷) – 17   드라마밈 – 25, 27

ㅁ

마음 – 43   문화반발요인 – 163   미남미녀 배우 – 126   밈 – 16, 61   밈
운반자 – 61

ㅂ

발전된 경제 – 147   복제 – 61   본연지성 – 156   북경청년보 – 18

ㅅ

사단 – 33, 52　　사단칠정 – 33　　사랑이 뭐길래 – 63, 117, 131　　사양지심 – 38　　성(性) – 45　　손괘 – 190　　수오지심 – 37　　순수 – 76　　순애보 – 76　　시비지심 – 39　　신(信) – 40　　신화 – 162

ㅇ

아름다운 화면 – 136　　아웃사이드-인 – 185　　영원성 – 162, 163　　오성 – 33　　운반자 – 191　　원거리교역 – 163　　원천소재 – 191　　유교 – 23　　유전자형 – 28, 29　　유행선도 – 26, 134　　예(禮) – 38　　의(義) – 37　　이(理) – 47　　이국적 정취 – 141　　이종문화(異種文化) – 163　　이타 – 184　　인(仁) – 35　　인사이드-아웃 – 186　　입초국가 – 177

ㅈ

자연선택 – 191　　자연스런 연기 – 128, 130　　전덕(全德) – 36　　절문(節文) – 36　　정(情) – 45, 55　　정직 – 26, 141　　정착기 – 168　　조합 – 152　　지(智) – 39　　지어지선(止於至善) – 21　　진괘 – 190　　진실 – 26, 128　　진화생물학 – 23　　질투 – 170

ㅊ

청탁수박(淸濁粹駁) – 52　　출초국가 – 177　　측은지심 – 35

ㅋ

케이팝 – 177, 186

미래의
한류

ㅌ

태동기 – 168   트렌디드라마 – 170

ㅍ

편안함 – 28, 124   평민화 – 26, 115   패션 – 134   표현형 – 28, 31   풍
뢰익 – 190

ㅎ

한류 – 161   한류밈 – 25   한류신화 – 162   한류토피아 – 163   화목 –
63   확산시기 – 173   확장기 – 168, 177   확장성 – 151   희노애구애오
욕(喜怒哀懼愛惡欲) – 41

1차 한류시대 – 165, 168
2차 한류시대 – 165